だいわ文庫

コミュニケイションのレッスン

鴻上尚史

大和書房

はじめに

あなたは、コミュニケイションに悩んでいますか？

「自分の気持ちがどうもうまく伝えられない」「説得しようとすると言い争いになってしまう」「自分だけ浮いているような気がする」「話そうとすると緊張してしまう」「場をうまく和《なご》ませられない」……まだまだあるかもしれません。

僕は、演劇の演出家を30年以上しています。30年続けた劇団を解散しましたが、また新しい劇団を創《つく》って、もう5年になります。

演劇の、特に劇団の演出家なんかをしていると、「人間と付き合うのが好きなんですね」とよく言われます。好きかもしれませんが、同じぐらい苦手だと思っています。

みんなでワイワイするのが楽しい時と勘弁《かんべん》してほしいと思う時が同じぐらいあります。

それでも、集団を続けているのは、一人より複数の人間と何かを創る方が、はるかに素敵なものができると思っているからです。一人で創作するより、多くの人間と共同で創り上げた方が、より深くより遠くより高く表現できると思っているのです。

「演出家をやっているから人間関係は得意なんでしょうね」とも、よく言われます。

が、自分で言いますが、コミュニケイションはそんなに上手《じょうず》ではないと思います。というか、自分から「コミュニケイションはうまいです」と語る人がいたら、それはほんの一部を除いて、ほとんどがただの鈍感《どんかん》か周《まわ》りが見えてない人だと思います。

僕は、劇団以外のプロデュース公演も演出しますから、常に新しい俳優さんと出会います。そのたびに、この人とどうやって円滑《えんかつ》にコミュニケイションを取ろうかと考えます。30年以上演出家をやっていても、いまだに、うまくいくこともあれば不幸な結果になることもあります。

当たり前ですが、相手は一人一人違うのです。コミュニケイションの途中でぶつかる困難さは一人一人、同じではありません。能天気《のうてんき》に「コミュニケイションは得意だ！」なんてふんぞりかえれる状態ではないのです。

けれど、30年以上演劇の演出家を続けてきて、一つだけ分かったことがあります。それは、**「コミュニケイションは技術《ぎじゅつ》だ」**ということです。技術ですから、やり方次第でどんどん上達するんだ、ということです。

コミュニケイションは、まさにスポーツと同じようにやればやるだけ上達《じょうたつ》します。

間違いありません。コミュニケイションは純粋に技術の問題なのです。

コミュニケイションが下手《へた》なのは、野球が下手なことと同じです。野球が下手な人は、そもそも、野球を（まったくか少ししか）やったことがありません。野球をやったことがないのに、野球が下手だと悩むのはバカバカしいことです。1年に1回しかバッターボックスに立ってないのにヒットが打てないと悩むことは、1年に1回しか人前でスピーチしてないのにうまくいかないと悩むことと同じです。それは無茶というものです。

野球やサッカーが下手なことは、それだけのことです。そのことはあなたの人格とは何の関係もありません。野球やサッカーが下手だから、人格的に問題があるなんてことはありません。コミュニケイションもまた同じです。コミュニケイションが下手なことは、それだけのことです。あなたの人格とは何の関係もありません。

けれど、「コミュ障《しょう》（コミュニケイション障害）」とからかわれたり、自己嫌悪を感じたり、ともすると、コミュニケイションが下手なことは、自分の人格が劣《おと》っているかのような錯覚《さっかく》を持ってしまいがちです。

けれど、何回も言いますが、**コミュニケイションが下手なことは、あなたの人格とはなんの関係もありません。**

大切なことは、「サッカーが下手なこと」と「サッカーに怯《おび》えること」を区別することです。サッカーが下手でも、サッカーが好きな人は大勢います。サッカーが下手でも、サッカーに興味を持っている人はさらに大勢います。

コミュニケイションも同じです。「コミュニケイションが下手なこと」と、「コミュニケイションに怯え、コミュニケイションを避けること」を混同してはいけません。

コミュニケイションが下手でもコミュニケイションに興味を持てば、つまりはサッカーが下手でもサッカーが好きなら、いろいろとサッカーについて調べ、路地裏でちょこちょこと練習するかもしれません。スタジアムは恥ずかしいから絶対に出ないと思っても、空き地や駐車場でボールを蹴《け》るかもしれません。そうすれば、やがてサッカーの技量は少しづつですが、確実に上達するのです。

コミュニケイションも、まったく同じです。興味を失わず、ちょこちょこと練習を続ければ、間違いなく上達するのです。

この本は、「コミュニケイションは技術」という視点から、どうやったら、あなたのコミュニケイションのレベルが向上するかを伝え、練習方法をアドバイスした本です。

30年間、演出家をやりながら、ずっとコミュニケイションに関して考え、実践《じっせん》してきたことを書きました。

さあ、それではコミュニケイションのレッスンを始めましょう。

目次

第3章 コミュニケイションの技術「聞く」

第4章 「話す」コミュニケイションの技術

第5章 コミュニケイションの技術 「交渉する」

第1章　コミュニケイションとは何か？

1　どこでコミュニケイションを学んだか？

あなたのコミュニケイションのルーツは？

まず質問です。

あなたは、今のあなたのコミュニケイションのやり方をどうやって身につけましたか？

他人への声のかけ方。親しくなり方。説得の仕方。怒り方。ほめ方。激励《げきれい》の仕方。文句の言い方。自己主張の仕方。

そのやり方は、どうやって覚えましたか？

コミュニケイションについて、今まで、論理的に教わったり、体系的に考えたり、具体的なレッスンを受けたりしたことはありますか。

多くの人はそうではないでしょう。ほとんどの人は、幼い頃から身近な人のコミュニケイションのやり方を見て、それをまねてきただけだと思います。

身近な人とは、多くの場合は親でしょう。あなたは、あなたの親がどうあなたに話しかけ、接してきたか、そして、あなたの親が家族（夫婦、祖父母、兄弟）、親戚《しんせき》、近所の人など、あなた以外の人にどう話しかけ、接したかを意識的にも無意識的にもまねし、それがあなたのコミュニケイションの基本になっているはずです。

つまりは、多くの人は、コミュニケイションのやり方を学ぶのではなく、親のコミュニケイションのやり方を受《う》け継《つ》いでいるのだと思います。

僕は26歳頃、当時有名だった年上の評論家の人と対談したことがありました。話し終わった時、その評論家は、「鴻上君の親は教師じゃないの？」とぽつりと言いました。そんな話は一言もしてなかったので、僕は驚いて「そうです。両親とも小学校の教師です。でも、どうして分かったんですか？」と聞きました。彼は微笑《ほほえ》みながら「今日はいろんな職業の話もしたけど、鴻上君は教師に対してだけは真面目《まじめ》で厳《きび》しい意見を言っていたからね」と答えました。

教師という職業についての意見が厳しくて大人びていた、そこまで真剣に批判するということは教師が大切で身近なんじゃないか、だから親が教師じゃないかと思ったと、彼は自分の推理を解説しました。

僕はその瞬間まで、自分が教師に対して他の職業より厳しい意見を持っているとは夢にも思っていませんでした。ただ、教師として懸命《けんめい》に働く両親に感化《かんか》されて、当たり前のように、親と同じ意見、つまり教師の理想像を語っていたのです。

「ああ、僕は自分の意見のつもりで、親の意見を言ってるんだ」と内心、激しいショックを受けました。

そこから、自分の話し方や考え方、人に対する交渉《こうしょう》の仕方など、**「いかに自分は親の影響を受けているのか」**ということを次々と自覚していきました。

「なんてこった。俺はもう26歳なんだぞ。なのに、まだ、親の考え方そのものなのか」と、半分、呆《あき》れましたが、同時に「でも、26歳で気づけてよかった」とも思いました。

そこからは、無意識に着ていた「親という服」を一枚一枚発見し、脱《ぬ》いでいく作業が始まりました。

もちろん、この考え方は、親の考え方そのものだと気づいたけれど、自分もそう考える、ということもありました。「親の服」だと気づき、そして、分かった上で、あらためて「親の服」を着直したのです。

無意識に着ているか、意識して着ているかは、大きな違いがあります。意識して着ていれば脱ぐことは可能なのです。けれど、無意識だと脱ぐことはできません。「考え方」や「コミュニケイションの仕方」を、客観的に見つめ、時には手放し、変化させることができないのです。

硬直《こうちょく》したまま、自分でも自覚しないまま、親のやり方を繰り返すだけです。それは、極端な例だと、親と同じ宗教や思想（イデオロギー）を無条件で信仰している子供と同じです。

三十代の前半、家族の物語を上演する時に、俳優達と「自分の親を語ろう」という稽古《けいこ》をしたことがありました。

俳優が演技をする前に、まず、自分の親はどういう人だったかをみんなの前で語り、そこから、それぞれの家族に対するイメージを確認しようとしたのです。これは、上演する作品とは直接関係はありませんが、家族というものをより深く理解するためのレッスンでした。

一人一人の話を聞くうちに、僕は激しく驚いていました。俳優達が語る自分の親の性格や考え方や人付き合いの仕方が、俳優のそれと非常に似ていたのです。

話を聞いているうちに、親のことを言っているのか、その俳優本人のことを言っているのか分からなくなることもたびたびありました。

理屈っぽく他人に厳しい俳優は、自分の親は理屈っぽく他人に厳しくて困ると語りました（俳優は、父親か母親どちらか、自分が語りたい方を自主的に選びました。それはつまり、自分がより影響を受けた親ということでしょう）。「理屈より人情とか気持ちを優先する母親です」と語る俳優は、間違いなく論理より人情とか気持ちを優先する俳優でした。

逆に、親の性格と真反対の俳優も少数ですが、いました。「時間を守らない」とか「気分屋」の親だと批判的に語る俳優は、その反動のように、時間に厳しく、真面目でした。

ほとんどの俳優は、自分の親の考え方（多くは母親でした）を意識的にか無意識的にか引き継《つ》いでいるか、反発して真逆《まぎゃく》の性格になっているかでした。親となんの関係もない考え方の俳優は、ほんのわずかでした。

僕は、あらためて親が子どもに与える影響に愕然《がくぜん》としました。

自分の「当たり前」はどこから来ているのか？

こんなケースもあります。

知り合いの女性で、結婚し、生まれて初めて親元を離れ、夫との二人暮らしを始めた人がいました。彼女は、小さなことで、夫との違いを毎日発見して驚いたそうです。お風呂はぬるめがいいのか熱めなのか、ご飯は硬めがいいのか柔らかめなのか、朝はいきなりカーテンを開けるのか開けないのか、言いにくいことを言う時にどんな言い方をするのか――自分が考える「当たり前のこと」と夫が考える「当たり前のこと」のいろんな違いを発見して、はたと困惑《こんわく》したそうです。そして、どうしてそう思うのか、自分はどうしてこのことを当然と思うのか、不思議に思ったそうです。

しばらくして、彼女は自分の両親と旅行に行く機会がありました。夫が出張でいなくて、それなら、久しぶりに自分の両親と旅行しよう、となったのです。

一泊二日の温泉旅行でしたが、そこで、彼女は「両親が当然と思っていること」を「自分も当然と思っている」ことに次々と気づいて驚いたと言います。

彼女は、夫との会話で感じる違和感やズレを、両親に対してはまったく感じなかったのです。自分の考え方や言い方、それらは、自分の両親と同じだと彼女は気づきました。彼女は、無意識だった自分の考え方やコミュニケイションのスタイルが、どこから来たのか、はっきりと意識するようになったのです。

彼女は、「だからといって、親の考え方や言い方を全部捨てるつもりはないんです。私は親のスタイルは好きですから」と語っていました。

繰り返しますが、**無意識にしていたことを、意識的に見られるようになれば、**自分の「考え方」「人との接し方」「コミュニケイションのやり方」を、客観的に見ることができるようになります。

「どうして、こんな当たり前のことを分かってくれないんだろう」「どうして、こんな当たり前のことに気づかないんだろう」という「自分にとって当たり前」のことが相手にとっては当たり前じゃない、と気づき、じゃあ、自分の当たり前はどこから来たのだろう？　と考えることは、素敵なコミュニケイションのための必要なステップなのです。

「コミュニケイションとは何か？」とか「理想的なコミュニケイションとは？」とか「コミュニケイションの技術とはどういうことか？」という視点で、コミュニケイションを考えたことのある人は少数だと思います。

それは、スポーツに喩《たと》えると、とにかく見よう見まねで野球やサッカーを続けている人と同じです。一度も、ちゃんとしたコーチについて科学的な指導や経験的なアドバイスを受けることなく、野球やサッカーについての論理的な解説本を読むこともなく、ただ身近な先輩のやり方だけをまねて野球やサッカーを続けている人です。それだけでは、野球やサッカーがあるレベル以上に上達することは難しいと分かるでしょう。

コミュニケイションについて詳《くわ》しく知っていく前に、**「自分は誰からコミュニケイションのやり方を学んだんだろう？」**と、一度、自分自身に問いかけてみて下さい。

コミュニケイションのやり方を無意識にまねした人はいましたか？　それは親ですか？

親以外に、友人や先輩、教師の中に「あんな風に人と接したい」「ああいう喋《しゃべ》り方をしたい」と思った人がいましたか？

若い人ほど、親から学んだケースが多いでしょう。三十代以上のビジネスマンなら、先輩や上司のやり方をまねしたり盗んだ人も多いでしょう。

それは、意識的でしたか？　無意識でしたか？

レッスンのポイント

・親のコミュニケイションの仕方を観察してみよう（または、思い出してみよう）。他人への声のかけ方、説得の仕方、怒り方、ほめ方、文句の言い方、自己主張の仕方など、似ているところはあるだろうか？

・自分にとって当たり前でも、他人にとっては当たり前じゃない習慣、行動、考え方、ルールを見つけよう。

2 コミュニケイションとは何か？

「聞く」「話す」「交渉する」

では、コミュニケイションをちゃんと定義しましょう。

コミュニケイションとは、**情報と感情をやりとりすること**です。具体的には「**聞く**」「**話す**」「**交渉する**」**という3つの技術**だと僕は思っています。

情報だけを伝えることがコミュニケイションではありません。忙しすぎたり、緊《きん》張《ちょう》したり、心に余裕がなくなると、私達はどんどん情報だけを伝えようとする傾向があります。最低限の仕事である、情報を伝えることしかできなくなるのです。

「明日は朝6時、駅前に集合です」と口に出せば、とりあえず、必要な情報は伝えられて、やるべき仕事は終わります。問題が山積みの場合は、この言葉にどんな感情（さらに言えばイメージ）を込《こ》めようかと考えたり、感じたりする余裕がなくなってしまうのです。

演劇のレッスンで、「ムチャクチャ語で伝える」というのがあります。2人1組で、ペアになった片方が、ムチャクチャ語で「明日、7時からイタリア料理を食べませんか?」というような内容を、もう一人に伝えるのです。

ムチャクチャ語とは、まさに、ムチャクチャな言葉で、「ふんがらべろこれ、あげだれごりばれ、どがでたごくりい」とか、つまり、日本語でも英語でも幼児語でもないムチャクチャな言葉です。この時、一切のジェスチャーは禁止です。両手を動かさないまま、ムチャクチャ語で話し続けます。

ペアになった片方が必死になって、ムチャクチャ語で話し続けると、信じられないかもしれませんが、30組ぐらいのペアの中で少なくとも1組は、「ひょっとして、明日、7時にイタリア料理を食べようって言ってるの?」と、ちゃんと伝わるのです。

あなたが口から出す言葉には、**「情報を伝える」**という機能と**「感情やイメージを伝える」**という機能があります。

ムチャクチャ語レッスンは、「情報を伝える」という機能を意識的にそぎ落とします。ムチャクチャ語ですから、日本語としての情報はまったく伝えられないのです。

そうすると、普段、自分がしゃべっている言葉が、「どれぐらい感情やイメージを伝えているか」が見えてくるのです。

逆にいえば、いつも言葉を情報の面からだけ考え、そして使う結果、自分の言葉に含まれる感情やイメージがどれほどやせ細り、貧弱《ひんじゃく》になっているかを自覚できるレッスンなのです。

このレッスンが成功するのは、普段から感情や表情が豊かで、言葉が音としてバラエティーに富んでいる人です。（そうする方法は後述します）。そういう人は、情報を禁止されたムチャクチャ語でも、豊かな感情やイメージを声という音に盛り込んで伝えることができるのです。そして、感情やイメージから、奇跡的に「7時」「イタリア料理」ということが伝わるのです（！）。

このレッスンがまったく成功しない人は、つまり、ムチャクチャ語でどんなに伝えても、「何言ってるか全然分からない」とだけしかパートナーに言われない人は、中年以上の男性が多いです。特に、会社で管理職として出世している人です。

そういう人は、普段から、言葉を「情報を伝える」面だけで使っていて、「感情やイメージを伝える」という面をおろそかにしがちなのです。言葉を情報の「命令」「伝達」「指示」の手段としてしか使ってないのです。

そういう人は、情報を伝えただけで満足しますから、知らないうちに、声が持つ感情やイメージがやせ細り、言葉の持つ想像力が貧弱になっているのです。

情報と感情の両方を伝える

感情やイメージに気を配ることなく「明日は朝6時、駅前に集合です」と口に出せば、感情やイメージが欠落した結果、「事務的冷たさ」や「相手のコンディションに対する無関心さ」や「上から目線」が伝わる可能性が高いです。

もし、この言葉と共に「朝早くてすみません。でも、プロジェクトの期限はもうすぐですから、最後までがんばりましょう」という感情や「プロジェクトは順調に進んでいます」というイメージを同時に伝えれば、事態は順調に進むことが多いと思います。

情報と感情の両方を伝えることが、効果的なコミュニケイションのためには、大切なことだからです。

もちろん、情報と共に、そういう感情やイメージを伝えたから、絶対にコミュニケイションはうまくいく、なんてことはありません。「そんなに早く集合するのはもううんざりだ!」という言葉が飛ぶかもしれません。

ですが、コミュニケイションとは、そういうものです。つまり、情報や感情をうまく伝えるだけのものではありません。

伝えた結果、相手からさまざまな感情や情報が返り、それを受け取り、そのやりとりの中で自分の感情や情報を変化させながら、相手と交換していくことが、コミュニケイションなのです。

だから、コミュニケイションの技術は、「聞く」「話す」だけではなく「交渉する」という3つのレベルを含むのです。

レッスンのポイント

・コミュニケイションは「聞く」「話す」「交渉する」の3つの技術のこと。
・情報と感情の両方を伝えると、効果的なコミュニケイションになる。
・自分は普段、「情報」と「感情・イメージ」の両方を伝えているか、考えてみよう。

3　極端な2つの反応

「負ける」と「戦う」

「6時になんか集合したくない！」と叫ばれて、「ごめんなさい。6時じゃなくていいです」とすぐに謝る場合や「うるさい！　とにかく6時なんだ！」と声を荒《あら》らげる場合は、あまりうまいコミュニケイションとは言えないでしょう。

それは、単純に**「負ける」**か**「戦う」**かの両極端なコミュニケイションです。

じつは僕は、「100％負ける」と「100％戦う」は、同じ気持ちから出ていると思っています。それは、粘《ねば》り強く交渉することを放棄《ほうき》して、とにかく負けて服従《ふくじゅう》するか、とにかく戦ってぶつかるかという単純な道を選んだ結果だと思っているのです。

負けて従《したが》い続ければ、相手は自分の言い分が全部通るので喜ぶかもしれません。けれど、あなたには激しい負担《ふたん》と欲求不満、精神的なストレスがのしかかるでしょう。

また、とにかく戦い続ければ、とりあえず精神的には負担は減るでしょうが、あなたが独裁者《どくさいしゃ》や王様でない限り、コミュニケイションはうまくいかないでしょう。結果、あなたは、やっぱり、大変な精神的なストレスを受けるのです。

コミュニケイションとは、あなたと相手が効果的に情報と感情をやりとりすることです。お互いの要求や意見がぶつかった時に、ただ負けたり、ただ戦ったりするのではなく、お互いが満足する形で交渉する技術が、コミュニケイションの技術なのです。

「No」と言えない日本人

と、書きながら、じつは日本人は、意見や要求がぶつかった時、または、一方的に何か求められた時、なかなか、「No」と言えないと僕は思っています。

日本人のコミュニケイションの大きな特徴は、とても「No」が言いにくい、ということだと思っているのです。

また、「No」と言う場合でも、我慢《がまん》に我慢を重ねて、最後の最後、怒ったように、または勢《いきお》いに任《まか》せて、「嫌《いや》です！」とか「断ります！」とか「結構《けっこう》です！」と言う人が多いと思っています。

「No」を飲み込んで、ぐっと我慢すれば、それは、ただ「負ける」コミュニケイションです。また、最後の最後、怒ったように「Ｎｏ！」と叫べば、それは、ただ「戦う」コミュニケイションです。どちらも、あまり効果的なコミュニケイションではないでしょう。

結果、仕事でもプライベートでもなるべく他人の領域《りょういき》に踏《ふ》み込まないようにしている人が多いと思います。自分の仕事はそこそこやるけれど、他人を巻《ま》き込んだり、他人の問題点や変えて欲しい点を指摘《してき》するのをはばかる傾向です。

他人に何かを言うのは気が引ける、言ってもしょうがない、と決めて、なるべく「Ｎｏ」と言う状況を作らないようにしているのだと思います。

どうして、日本人はなかなか「Ｎｏ」と言いにくいのか？

日本人が優しいからでしょうか？　それとも、優柔不断《ゆうじゅうふだん》だからでしょうか？

僕は、ここに日本人特有の原因があると思っています。

さて、いよいよ、この本の本題に入ります。

「世間《せけん》」という言葉を聞いたことがあるでしょうか？　「社会」はありますね。

じつは僕は、日本人は「世間」と「社会」という別々の空間を、意識的にも無意識的にも生きていると思っているのです。

そして、コミュニケイションも、**「世間」を生きるための効果的なコミュニケイシ**

ヨンと「社会」を生きるための効果的なコミュニケイションの2種類に分かれると思っているのです。

これが、この本の最大の特徴です。そして、欧米のディベートなどを中心とするコミュニケイション本との根本的な違いなのです。

次章では、「世間」と「社会」について、基本的な解説をします。僕が書いた『「空気」と「世間」』（講談社現代新書）をもう読んでいて、「世間」と「社会」、さらに「空気」との違いはよく分かっている、という人は、その部分を飛ばしてもらって結構です。

それでは、まず、「世間」と「社会」についてです。この2つを理解することが、日本でコミュニケイションを上達するために大切なことだと思っているのです。

レッスンのポイント
- **「負ける」か「戦う」かのコミュニケイションは大きなストレス。**
- **欧米流のディベートを学んだだけでは日本人のコミュニケイションはうまくいかない。**
- **自分のコミュニケイションは、「勝ち」「負け」の二つに分かれてないか考えてみよう。**

第2章 「世間」と「社会」

1 「世間」と「社会」

電車の中で化粧をしても平気な理由

例えば、グループ旅行のおばちゃん達と電車で出会うことがあります。先頭のおばちゃんは、ダッと電車に駆け込んで座席を確保し、「山田さん！　ここ、ここ！　空《あ》いてるわよ！」と叫んだりします。その後ろ、続いて乗ってきた他の乗客は、「私が座る順番なのに」と困惑《こんわく》した顔でおばちゃんのその行動を見ます。けれど、そのおばちゃんは、その乗客の戸惑《とまど》いを完全に無視して、後からやってくる仲間を待つのです。

このおばちゃんはただの礼儀《れいぎ》知らずなのでしょうか？　後ろから乗ってきた乗客を無視しても当然だと思う冷たい人なのでしょうか。

そうではないでしょう。おばちゃんは、自分の仲間、つまり「世間」を大切にしているのです。このおばちゃんは、「世間」の中では、親切な、仲間思いの、温《あたた》かい人のはずです。

この時、続いて乗ってきて、ムッとした顔で立っている乗客は、おばちゃんにとって「社会」です。つまりは、何の利害関係も人間関係もない他人なのです。

「世間」とは、あなたと利害・人間関係があるか、将来、利害・人間関係が生まれる可能性が高い人達のことです。つまり、あなたが所属している集団やグループのことです。具体的には、会社の同じ部署の同僚達や、クラスのいつものグループや、赤ん坊を連れて行く公園で毎回話す仲間や、サークルの親しいメンバーや濃密《のうみつ》なつきあいの隣近所などがあなたにとって「世間」です。

「社会」とは、今現在、あなたと何の関係もなく、将来も関係が生まれる可能性が低い人達のことです。他人とか知らない人とか群衆とか一般人とかです。

日本人は、「世間」と「社会」、二つのまったく違った世界を生きていると僕は思っています。

電車の中で、化粧をする人が時々話題になります。恥ずかしくないのかとか、見苦しいとか言う人もいます。電車で化粧できるのは、そこが、化粧する人にとって「社会」だからです。「社会」は自分にとって関係のない空間なのです。もし、そこに会社の上司が一人、乗り込んできたとしたら、そこはいきなり「世間」の空間になります。知り合いに見つめられながら、平気で化粧できる人はなかなかいないでしょう。

日本人はなぜ電車の席を譲れないのか

欧米では、「世間」は存在しません。すべてが「社会」です。

欧米を旅行すると、デパートや商店に入る時に、入口のドアを手で押さえて、後ろから来る人のために待つことが当たり前になっていることに気づきます。日本では、そうする人は少数派でしょう。ドアを押して入り、そのドアが揺れ戻って、後から入る人がぶつかりそうになっても気にする人は少ないのです。

乳母車《うばぐるま》を押している母親が駅の階段の前で立ち止まったら、欧米では、ほぼ100%の確率で誰かが声をかけて、一緒に乳母車を持ち上げます。日本では、たぶん、1割以下でしょう。若いお母さんがふうふう言いながら、乳母車を抱えて階段を昇り降りする風景は当たり前になっています。

お年寄りや妊婦に電車の席を譲《ゆず》るのも、欧米では100%に近いと思います。僕はロンドンで穴の開《あ》いたジーンズに革ジャン、真っ赤な髪を立てたバリバリのパンクスが、当たり前のように老人に地下鉄の席を譲るのを何度も目撃しました。日本では、席を譲る人は5割を超えるぐらいでしょうか。

なぜ、私達は乳母車を抱えた母親を無視し、後ろから来る人のためにドアを押さえず、なかなか席を譲らないのでしょうか？　日本人が、他の国の人達と違って冷血だからでしょうか。あなたは直感的に、それは違うと思うはずです。日本人のあなたなら、答えを知っているはずです。

そう、それは、自分とは関係のない「社会」だからです。

私達日本人は、自分とは関係のない「社会」に生きる人に、気軽に声をかけることに慣《な》れてないのです。

乳母車を抱えて、ふうふう言っているお母さんを可哀相《かわいそう》だと思っても、なかなか、声をかけられないのです。同時に、見ず知らずの「社会」に生きる人から声をかけられることに、日本人は慣れてないのです。

そして、その反動のように「世間」に生きる人達との関係は濃密《のうみつ》になるのです。

ひとつ、日本人にしか見られない現象があります。電車の席を譲って、「ありがとうございます」と言われ、「いえいえ」と会話をしてしまうと、相手は急に自分とは無関係な「社会」ではなくなります。といって、それはまだ「世間」でもありません。じつに中途半端な存在になります。この時、どうふるまっていいか分からないので、多くの日本人はその場を離れるのです。

欧米では、席を譲った後、軽い会話をして、そのまま立ち続けます。座った人も立った人も、無言のまま、なんでもないようにそこにいるのです。「社会」の会話とは、そういうものだからです。

外国人はなぜエレベーターの中で話しかけるのか

欧米だけではなく、ほとんどの国では、エレベーターに2人で乗り合わせると、「ハーイ」とか「ハロー」とか、声をかけるのが常識になっています。それは、彼らが礼儀正しいからではありません。

僕はNHKのBS1『cool japan』というTV番組の司会を7年以上やっているのですが、そこで、世界中の外国人に声をかける理由を聞いた所、「だって、そんな狭《せま》い空間に2人きりだと、声をかけない方が不自然だろう」と全員が同じ説明をしました。

最初、僕は、「お互いが敵意《てきい》を持ってない」ということを確認するために声をかけるのかと予測しました。けれど、実際は「敵意」とか「安全確認」という強い感情より、「とにかく黙っているのは変」という基本的な感情でした。

日本人は、あなたも僕もそうですが、見知らぬ人とエレベーターで2人きりになっても、決して声をかけたり、微笑んだりしません。黙って乗り、階数を示す数字を同時にじっと見上げるだけです。

日本人にとっても、外国人にとっても、知らない人と乗り合ったエレベーターの中は「社会」です。日本人は「世間」との付き合い方はよく知っていますが、「社会」との付き合い方は得意《とくい》ではないのです。

どう言っていいのか分からないし、関心もあんまりないので無視します。ただ、密閉空間《みっぺいくうかん》に2人、近距離のまま無言で立つ、という微妙なバツの悪さをまぎらわすために、日本人は全員、階数の数字をじっと見上げるのだと思います。

外国人にとっては、「社会」とは生きている世界そのものですから、そこで、じっと黙っているのはじつに不自然に感じるのです。（ですから、外国人女性で「ナンパ目的だと面倒《めんどう》くさいので、なるべく会話しないで目を合わせるだけ」とか「会釈《えしゃく》するだけ」という人は大勢いました）。

けれど、多くの日本人は、「社会」は、生きる空間としては例外的なものだと思っているのです。「社会」は黙《だま》ってやり過ごすもので、知っている人がたくさんいる「世間」が、本当の意味で生活する空間だと思っているのです。

どうでしょう。少しは「世間」と「社会」のイメージが見えてきたでしょうか。

次にどうして「世間」が生まれたのか、どうして、「社会」と分かれたのか、という説明をします。日本人であるあなたの抱《かか》えるコミュニケイションの難しさと密接な関係があると思っているからです。

レッスンのポイント

- 日本人は、「世間」と「社会」、2つのまったく違った世界を生きている。
- 自分にとっての「世間」を考えてみよう。
- 日本人は「世間」との付き合い方はよく知っているが、「社会」との付き合い方は得意ではない。

2 「世間」と「社会」の始まり

「世間」はどのように生まれてきたのか

「世間」の歴史です。少し難しく感じる人もいるかもしれません。その場合は、この章を飛ばしてもらってもかまいません。

日本で最も一般的で強力な「世間」は、江戸時代までの村でした。少し難しい言い方をすると「村落共同体《そんらくきょうどうたい》」です。

村では、「水」をめぐって、ひとつにまとまる必要がありました。米を作るために、どこから水をひいて、どの順番に田んぼに流すか。もし、日照《ひで》りで水不足になったらどうするか。

村の掟《おきて》は絶対でした。もし、誰かが、水不足の時に、自分の水田に勝手に水を引いてしまったら、他の田は壊滅《かいめつ》的な被害を受けるのです。村の掟に従い、村全体のことを考えなければいけなかったのです。

逆に言えば、だからこそ、村はひとつにまとまりました。どこの誰が今病気だから田植えができないとか、誰が嫁《よめ》の来手がないので寂《さび》しがっている、という情報を共有したのです。

つまり、村全体の価値が共通だったのです。少ない水で、どうやって効果的に米を作るか、という大目標の下、それ以外の価値観も、村人同士が想像できる範囲内のものでした。自分だけで他の村人《むらびと》がまったく知らない作物《さくもつ》を勝手に作る、なんてことは不可能でしたし、ありえませんでした。

村という「世間」は、村人全員の幸福を追求したのです。それは、優しさとか親切心とかではなく、村全体が生き延《の》びるために、つまり一定の収穫量と持続的な働き手を確保《かくほ》するために必要なことだったのです。

明治政府の富国政策のために「社会」が生まれた

明治時代になった時、「世間」が一番強いルールでは都合が悪くなりました。西洋列強と並ぶ強い国家になるためには、義務教育の制度や税制、さらには徴兵制《ちょうへいせい》、裁判制度を確立する必要がありました。

農民にとっての村、商人にとっての商家《しょうか》、武士にとっての武家という「世間」が強すぎると、国家としてのまとまりが生まれないのです。「世間」を飛び越えて、国民という自覚を持たせるためには、もうひとつ大きな枠組みが必要になったのです。

それを英語で'society'日本語では「社会」と訳しました。明治十年（一八八七年）ごろです。

明治政府は強引に、「世間」ではなく「社会」に生きるように日本人に求めたのです。

村という単位を無視して、人々は学校や軍隊に集められました。同じ村や商家で一生を終える生活ではなく、強引に知らない者同士が工場や軍隊に集められました。

政府は、国として成立させるために、日本に「社会」を定着させようとしたのです。けれど、そういう一方的な改革はなかなか成功しません。今まで、「世間」という知った人としか関係を作ってこなかった日本人にとって、いきなり、見知らぬ「社会」で生活することは難しかったのです。

ですから、「社会」として集められた場所で、村という大きな単位の「世間」の代わりに、小さなグループで「世間」を作り、生きるようになったのです。それは日本人としては、きわめて自然な感情でした。

特に、「世間」の代表だった村の考え方は、そのままそっくり日本の企業が受け継ぎました。「終身雇用制度《しゅうしんこよう》」という「一度就職したら定年までその会社に勤める」というのは、「一生、同じ村で生活する」という村の生活と同じです。**「年功序列制度《ねんこうじょれつ》」**は、「年を取るごとに給料や地位が上がっていく」ということで、これは、「年長者を敬《うやま》い、従う」という村の考え方、そのものなのです。

日本人は、日本的企業という強力な「世間」を作り上げ、そこで生活したのです。

また、「世間」は本音《ほんね》、「社会」は建前《たてまえ》、という考え方は、深く日本人に根を下ろしています。「世間」は今までの生活に慣れ親しんだ空間だから、本音が言える。「社会」は強引にトップダウンで降りて来た考えだから建前、ということです。

日本人は基本的に会議で本音を言うことが苦手です。会社の会議もサークルのミーティングでも、「意見はありますか?」と聞かれて、黙ります。そして、会議が終わった後、夜の飲み屋や喫茶店、給湯室《きゅうとう》やオフィスの片隅《かたすみ》で「あれはないよね」とか「あたしは本当は反対なんだよね」と語り合うのです。

それは、会議やミーティングが、よく知らない人も参加する「社会」だからです。特に、大人数の会議やオフィシャルのミーティングになればなるほど、本音は出てきません。そして、親しい数人が集まった「世間」の空間で、やっと本音を語るのです。

また、私達が時々使う「それは理屈《りくつ》だよ」という表現も、「社会」と「世間」の分離を表します。理屈は「社会」で通用しているものです。けれど、それは「世間」の本音からしたら通じない、人間の情とはそんなものじゃないんだ、という表現なのです。

「世間」は私達の本当の気持ち、「社会」は公式見解、または理想論という区別なのです。

レッスンのポイント

- 「世間」の代表である「村」の考え方はそのまま日本企業に受け継がれた。
- 「本音と建前」の使い分けは、「世間と社会」の二重構造から生まれる。
- 「世間」と「社会」で、発言を変えているか、考えてみよう。

3 「世間」は中途半端に壊れている

日本人のコミュニケイションが難しい理由

ここまで読んできて、「確かに昔の日本はそうだったかもしれないけど、今の私には『世間』なんてピンと来ないんだよなあ」と思っている人もいるでしょう。「両親とか祖父母なら、『世間体《せけんてい》』とか『世間様《せけんさま》が見てる』なんて言うかもしんないけど、私は『世間』に生きてる実感なんてないんだけどなあ」という思いです。

じつはその感覚もよく分かります。

『世間』は今、中途半端《ちゅうとはんぱ》に壊《こわ》れたまま、いろんな場所でいろんなレベルで残っています。

その理由をざっくり言うと、次のようなことです。

みんなの好みが多様化して、同じ価値観で生きることが難しくなってきたことと、グローバル化と不況で会社が「終身雇用制度」と「年功序列制度」を維持《いじ》できなくなったことです（この説明でよく分からなくてもかまいません。世間は中途半端に壊れたまま残っている、ということを覚えていて下さい。もし、理由を深く知りたいという人がいたら、『「空気」と「世間」』〈講談社現代新書〉を）。

「あなたの悪口をみんな言ってるよ」と耳打ちされて、「誰が言ってるの？」と聞き返し、「みんな、言ってるよ」と返された時、「クラスのみんなって35人全員が言うわけないじゃないか。バカバカしい」とか「職場の全員17人が一斉《いっせい》に悪口を言うはずがないよ。もっとうまい攻めかたをしろよ」とあなたは思います。思いながら、けれど、心の片隅で鈍《にぶ》い痛みを感じるのです。「みんなが言うはずがない。でも、もしかしたら……」と、全部、嘘《うそ》だと笑い飛ばせないわだかまりを感じるのです。

それが、**「世間は中途半端に壊れている」**ということです。

「世間」が完全に壊れていたら、鈍い痛みもためらいもありません。それは欧米のパターンです。英語で、'Everybody says so'（みんな言ってるよ）と言ったら、ただ、外国人は笑うだけです。'Everybody'（みんな）⁉」と理解できない顔をするでしょう。

「世間」がまったく壊れてなければ、「みんな言ってるよ」と言われた時点でアウトです。

「村八分《むらはちぶ》」という言葉を知っているでしょうか？　葬式と火事以外は、村の生活からすべて無視・排除《はいじょ》される行為のことです。

けれど、やっかいなことに、「世間」は、完全に壊れることも完璧《かんぺき》に残ることもなく、中途半端に残っているのです。これが、日本人のコミュニケイションを難しくしているのです。

それは「世間」？　それとも「社会」？

「世間」は中途半端に壊れながら、さまざまなレベルであなたを取り囲んでいます。

例えば、あなたが従業員100人程度の会社の社員の場合です。30人ほどの営業部に所属していて、いつも一緒に回る5人ほどのチームにいるとします。

このチームのリーダー・上司が酒好きで、1週間のうちに何回も部下を飲みに誘うようなら、そのチームはあなたにとって濃密《のうみつ》な「世間」のはずです。

他の営業部のメンバーは、やや弱い「世間」です。残り、70人の会社の社員は、あなたとの関係性で決まってきます。入社して何年もひとことも口をきいたことがなければ、ものすごく薄い「世間」になります。まったく話したこともないのに「世間」になるのは、同じ会社の人間として、大きな意味で利害を共にしているからです。

ただし、その100人ほどの会社が、外資系で、会社としてのまとまりとか部内の協調なんてことに関心のない場合は、「世間」はかなり薄くなるか、いきなり「社会」になるかもしれません。

あなたが大学生なら、クラスにいつも話す仲間がいれば、その人達はあなたの「世間」でしょう。サークルに所属していて、なおかつ、そのサークルに親近感を感じていれば、そこも「世間」になります。あまりにも人数の多いサークルで、あなたが何の親しみや喜びも感じないのなら、「社会」です。バイト先でも、誰にも思い入れがなければ「社会」です。親しくなった人ができて、いろいろと話し込むようになれば「世間」です。

あなたの「世間」の見分け方

あなたがどれぐらい壊れた「世間」に生きているのか、ざっくり分かる方法があります。

あなたが所属するグループの一人から、「あなたの悪口をみんな言ってるよ」と言われて、どれぐらいドキリとするかを想像するのです。

例えば、クラスに対して、何の思い入れもなければ、「クラスのみんなが、あなたの悪口を言ってるよ」と言われても、「そんなバカな」と鼻で笑うだけでしょう。「クラスのみんな」という言葉になんの説得力も感じられず、「クラスのみんな」というイメージが持てない場合です。

けれど、仲のよい5人グループの一人に「みんな、あなたの悪口言ってるよ」と言われたら、心臓がきりきりと痛むかもしれません。その場合、あなたは濃密《のうみつ》な「世間」に生きています。

人数が少なければ「世間」はいつも濃密とは限りません。例えば、従業員5、6人の小さな会社で、同僚達に何の思い入れもなければ、「みんな、君の悪口言ってるよ」と言われても、平気なはずです。けれど、30人前後の会社で、いつも会社全体として目標を立てて努力するような社風なら「みんな、君の悪口言ってるよ」と言われたらドキリとするかもしれません。

都会の一人暮らしでは、隣近所の人に何を言われても、ドキリとはしないでしょう。けれど、人口の少ない田舎では、隣近所の人の噂話《うわさばなし》に胸を痛めるでしょう。

親戚との関係が深ければ、親戚の言葉にもドキリとします。「世間」ではなく「社会」に近い親戚なら（つまり、ほとんど交流もなく、まったく気にする必要のない親戚なら）傷つくことはないでしょう。

自分には、まったくドキリとする集団がない、だから自分はどんな「世間」にも生きてないんだ、と結論する人もまれにいるかもしれません。

が、やっかいなことに、「社会」と「世間」に加えて、**「空気」**という存在があります。

数年前、「ＫＹ」という言葉が流行しました。「空気が読めない」という略です。

「空気」とはなんでしょうか？

僕は「空気」とは、「世間」が流動化《りゅうどうか》したものだと考えています。

流動化とは、「世間」にはいくつかの特徴があって、その要素が部分的に欠《か》けたものが「空気」として現れると考えているのです。

それでは、「世間」の特徴とはなんでしょうか？

レッスンのポイント

・「世間」は中途半端に壊れたまま、いろいろなところに残っている。

・「みんな、あなたの悪口言ってるよ」でドキリとするか考えてみよう。

4 「世間」の5つの特徴とコミュニケイション

「世間」には5つの特徴がある

「世間」の代表的な5つの特徴《とくちょう》を書きます。

一つ目は**「長幼《ちょうよう》の序《じょ》」**。

つまり、「年功序列《ねんこうじょれつ》」です。今でも、体育会系のクラブなどでは、学年がひとつ上というだけで、先輩に絶対に服従《ふくじゅう》する、ということが当たり前な所も多くあります。田舎だと、地域や親戚の寄り合いでの発言の重さは、年齢の順、ということも多いでしょう。「世間」では、とにかく年齢・学年・年次などの順番が重要なのです。

もし、あなたが、一学年上のわがままな先輩の行動に怒っていて、でも、どうしてもそのことに直接、文句を言えないとしたら、それは、あなたがダメなのではないのです。

あなたのその感じ方やためらいは、「世間」に育った日本人の典型的な特徴なのです。自分一人がダメなんだと落ち込むことはないのです。

二つ目は、**「共通の時間意識」**です。

あなたと私は同じ時間を生きている、と思う意識です。日本の企業に電話すると、受付の女性は必ず「いつもお世話になっております」と言います。僕はそのたび「いえ、電話するのは初めてで、お世話になるかどうかは、これからの交渉しだいなんで、まだお世話になるかお世話するかも分からないんですよ」と思いますが、口には出しません。出すと、変な人だと思われるからです。

これは、「あなたと私は過去を共有しながら生きてきて、これからの未来も共有するんですよね」という意識の言葉です。

「終身雇用制度」と同じ発想です。村の住民は、お互いに過去も未来も共通した時間の中で生きていくと思っているのです。

英語でまったく翻訳《ほんやく》不可能なのが、「これからもよろしくお願いします」です。日本語では普通の言葉です。未来も共にしましょうね、という言葉です。けれど、それを直訳して「あなたと共に未来を迎えたいと思います」と言ってしまったら、相手は「どういうことだ? まさか、結婚したいのか!?」とギョッとするでしょう。

「先日はごちそうさまでした」という言い方は日本人には普通です。共通の過去を生きているので、再会した時にあらためて確認、感謝しただけです。ですが、こう言うことで「ん？　また奢《おご》れという催促《さいそく》なのか？　ずうずうしいなあ」と思う欧米人もいるということを日本人は理解しておいた方がいいでしょう。つまり、共通の過去を生きてないので、わざわざ、この話題を持ち出すということは、また食事を奢ってほしいと感じるということなのです。

「世間」の人間関係がなかなか切れないのは、この「過去から未来へと続く共通の時間を生きている」という意識が刷《す》り込まれているからです。

嫌《いや》な先輩、内心嫌《きら》いな同僚との関係をなかなか絶《た》てないのは、この関係がずっと続くと考えがちだからです。あなた一人が優柔不断だからではないのです。

「世間」の特徴、三つ目は、**「贈与《ぞうよ》・互酬《ごしゅう》の関係」**ということです。

難しそうに書いてますが、なんのことはない、贈られたら必ず「内祝《うちいわ》い」で贈り返そう、ということです。同じ「世間」に生きているので、感謝や情愛は贈り物で表し、そして、もらったら、同じ「世間」に生きているから、絶対にお返ししなさい、ということなのです。

海外では、引っ越して来た日本人が、「引っ越してきました。よろしくお願いします」とタオルや石鹸《せっけん》、お菓子などを現地の人に渡そうとして、「なぜ、いきなり、こんなものをくれるの!? 何が目的なの!?」と混乱させるという出来事が今も世界中で起こっています。日本人にとっては、贈り物をすることが「世間」の仲間入りをすることの証明なのです。

ついでに言うと、日本人は友人の家に行く時に、「手土産《てみやげ》」を持っていく人が多いです。特に、食事に呼ばれたりした時は、飲み物とかお菓子とか、何かを必ず持って行こうとします。が、基本的に海外ではこの習慣はありません。欧米だけではなく、ほとんどの地域で、「必ず手土産を持っていく」という文化はないのです。駅から友人の家に行く途中でフルーツが安売りしていたとか、自分がワインが飲みたいと思ったとか、そういうことがない限り、「手土産」を持っていくことは義務でも強制でもありません。

お返しをすべきかどうか、どの程度のお返しが相応《ふさわ》しいのかと、あなたが頭を悩ますのは、典型的な日本人だからです。お歳暮やお中元、出産祝いや内祝いは、あなたなりのルールを決めればいいと思います。「世間」は中途半端に壊れているので、どんなルールでもありだと思います。僕は僕なりのルールを決めています(『「空気」と

「世間」』に書きました。先を急ぐので、ここでは繰り返しません）。

四つ目は、**「差別《さべつ》的で排他《はいた》的」**ということです。

席を取って「山田さん！　ここ！　ここ！」と叫んでいるおばちゃんは、見事に差別的で排他的です。「世間」は「社会」に対抗し「世間」そのものを守るために、「世間」に所属してない人達には、「差別的で排他的」な存在として現れます。そうすることで、自分達の「世間」のまとまりを守っているのです。

日本人がコミュニケイションに苦労するのはここでしょう。「世間」に所属するためには、あえて、外の人達に対して排他的に振る舞う必要もあるのです。それが「世間」に受け入れられるための必須の手続きだったりします。

ですから、興味のない「世間」から差別されても、所属するつもりがなければ気にする必要はないのです。

五つ目は、**「神秘性」**です。

特定の「世間」には、どうしてそんなことをするのかよく分からないというルールがあります。田舎や小さな会社など、「世間」が強固《きょうこ》になればなるほど、外部の人間には理解できないしきたりや手順があります。「そんなことはムダですからやめませんか」と、外部の人間が言っても、「こっちは、昔からそうやってるんだ」とか「私達には大切なことなんだ」という言葉で押し切られることが普通にあります。

また「神秘性」ということは、儀式《ぎしき》を伴うということでもあります。

入社式というのは、じつは、世界で日本しかありません。最近、韓国と中国の一部の企業が真似《まね》をし始めましたが、新入社員の代表が入社の気持ちを語り、社歌を歌い、社長が語る、なんていう〝儀式〟で入社するのは、世界の中で日本人だけです。会社という「世間」に入るためには、けれど、必要な手続き＝儀式なのです。

あなたが、本当にその「世間」のメンバーになりたいのなら、この「不合理性＝神秘性」を受け入れる必要があります。どんなにバカバカしいと思っても、それが、その「世間」を成立させる重要なファクターだからです。

この「神秘性」を積極的に受け入れれば受け入れるほど、あなたはその「世間」のちゃんとしたメンバーとして認められるでしょう。

以上が、「世間」の代表的な5つの特徴です。どれも、日本人のコミュニケイションと濃密な関係があることに気づくでしょう。

この「世間」の5つの特徴のうち、いくつかが欠けたものが、「空気」として現れるのだと僕は考えています。

「空気」は言ってみれば、「世間」が流動化し、カジュアルな形で現れたものです。ミニ「世間」、プチ「世間」と呼んでもいいでしょう。

プチでカジュアルでも、「世間」と同じような力を持つことも普通にあります。「世間」という空間に生きていない若い人でも、強制的な力を持つ「空気」に取り囲まれることはあるでしょう。

コミュニケイションの対応の仕方としては、「世間」と同じです。ただし、いつのまにか消えていたり、ルールが変わっていたりします。だからこそ、「世間」ではなく「空気」と呼んでいるのです。

レッスンのポイント

- **「世間」の5つの特徴→①長幼の序 ②共通の時間意識 ③贈与・互酬の関係 ④差別的で排他的 ⑤神秘性。これらを、自分の「世間」にあてはめて、考えてみよう。**
- **「空気」は「世間」がカジュアルな形で現れたもの。**

5 「世間」ではＮｏと言えない

あなたはなぜ「Ｎｏ」と言えないのか？

さて、ようやく「世間」と「社会」そして「空気」の説明が終わりました。

ここまで読んできて、どうして、私達日本人は欧米人に比べて「Ｎｏ」と言いにくいのか分かったでしょうか。

「世間」は、今まで書いてきたように同じ価値観の人達が集まり、メンバーの幸福を考える集団です。どんなに嫌《いや》な提案《ていあん》でも、「世間」からの依頼《いらい》なら、それは、めぐりめぐれば自分のことを考えてくれた要求だと思えるのです。

「世間」は、本当の意味で所属メンバーのマイナスになる提案はしない、それが「世間」のルールなのです。

「社会」は違います。「社会」は、バラバラな人が集まり、それぞれが自分の利害を中心に動いています。ビジネスの分野が典型でしょう。

そこでは、相手のマイナスになるかもしれない依頼や提案をすることもあります。自分達の利益を守るために、相手に不利な要求をすることもあります。ビジネスの世界とはそういうものです。

また、相手に悪意を持っていなくても、「世間」のように共通の価値観で動いていませんから、よかれと思った提案が、相手のマイナスになることもあります。

分かりやすい例だと、倒れて泣いている子供を助け起こそうとして、「一人で立ち上がれる子供にしたいんです。放っておいて下さい」と黙って見ていた親から言われるかもしれません。

家に遊びにきた子供の友達にコンビニのアイスクリームを食べさせて、その親から「ウチの子供には、市販のお菓子はやめて下さい」と言われるかもしれません。相手のプラスになると思ってやったことが、相手にとってはマイナスなことだった——価値観の違う人達が生活する「社会」では、当たり前のことです。

そこで、「善意なのに」とか「相手のためを思ってやったのに」と「気持ち」を問題にしても意味がありません。価値観の違いを、気持ちで乗り越えようとすれば、混乱を生むことの方が多いでしょう。

コミュニケイションの基本は？

この本の冒頭で、あなたは誰からコミュニケイションの基本を学んだか問いかけました。もし、あなたが自分の親のコミュニケイションを真似《まね》していたとしたら、それは「世間」におけるコミュニケイションです。

つまり、同じ価値観を前提としたコミュニケイションです。自分とまったく価値観が違う「社会」のコミュニケイションではありません。

若い人や働いた経験が少ない女性ほど、なかなか他人の頼みを断りにくく、ついつい流されてしまうのは、**コミュニケイションの基本が「世間」**だからです。

親や家族や部活や塾の仲間、近所の友達――これらの「世間」を中心にコミュニケイションしながら成長してきたのです。

「世間」は何度も言うように、あなた自身にマイナスのことを提案しません。一時的にあなたが嫌だなあと思う依頼でも、巡《めぐ》りめぐれば、あなたのためになると「世間」は判断しているのです。そういう提案を断るのは、難しいのです。

そして、「社会」に生きる人と出会った時、その記憶と経験が自分を縛《しば》るのです。

この嫌な提案は、巡りめぐって私のためになると思ってくれてるんじゃないか。結果的には、私のプラスになる提案なんじゃないかと。

突然の訪問販売も、バイト先でのシフトチェンジも、強引な誘いも、無理なお願いも、気軽に「Ｎｏ」と言えないのは、そういう理由なのです。

田舎の人が都会でだまされやすいと言われるのは、田舎の人が純朴《じゅんぼく》だからというより、田舎の人が田舎という比較的壊れてない「世間」に生きているからです。田舎の人は、自分に対して、マイナスなことを言うかもしれない「社会」の人と会話することに慣れてないのです。

「社会」しかない欧米では、微笑《ほほえ》みながら断る人も珍しくありません。断ることがストレスになってない証拠です。「社会」は、自分にとってプラスなことを言う時もあればマイナスを言うときもある。今回は、私にとってはマイナスな提案だ。だから、断る。それだけのことだから、我慢《がまん》することもないし、怒ったように言う必要もない、ということです。

一時期、『「Ｎｏ」と言える日本』というタイトルの本が流行《はや》って、それに影響されたのか、外国人と話す時に、きっぱりと「Ｎｏ」と言う日本人が増えました。結果、あまりにも断定的に断る日本人が欧米で話題になっています。

欧米人にとって「社会」は、これからも生活していく世界だから、微笑みながら断るのです。今回はダメだったけど、次回がもしあったら、お互い、うまくやりましょうと。取りつく島もなく、はっきりと断定的に断ってしまう日本人は、相手を無関係の「社会」と見なし、自分の「世間」にならない人達だと決めつけて、きっぱりと断ってしまうのです。

二度とつきあいが生まれないとしても、コミュニケイションをぶった切るように高圧的に断るのは、相手にとってはあまり気持ちのよいものではないでしょう。

それは、世間に引きずられて「100％負ける」交渉から、あんたとは関係ないと「100％戦う」交渉に変わっただけなのです。

なかなか「Ｎｏ」と言えないことと、なんのためらいもなく「Ｎｏ」と言いすぎることは、コインの裏表です。

レッスンのポイント

・「世間」はあなたにマイナスになることを提案しない。
・気軽に「Ｎｏ」と言えないのは、「社会」の人と会話するのに慣れていないから。
・どんな相手に「Ｎｏ」と言いにくいか考えてみよう。

6　分かり合えないこと

分かり合えないことを前提にするコミュニケイション

あなたはこの本を手に取る前に、コミュニケイションに関する本を読みましたか？　洋の東西を問わず、「コミュニケイション（の仕方をアドバイスする）本」はたくさん出ています。

ただし、欧米のコミュニケイション本と日本のコミュニケイション本の決定的な違いがひとつだけあります。

日本のコミュニケイション本には、ほぼ間違いなく「分かり合えないことを前提にしましょう」という記述があるのです。

「分かり合えること」を当然と思うことが、そもそもコミュニケイションの失敗の始まりなんだ、相手と分かり合えない状態が普通だという所から会話を始めて下さいと、日本のコミュニケイション本は書くのです。

欧米のコミュニケイション本には、そういう前提がありません。

どうしてなのかは、ここまでずっと「社会」と「世間」に関する文章を読んできたあなたたなら分かりますね。

日本人は、どうしても、**同じ価値観である「世間」で生きることを前提にしてしまうのです。**

欧米はそれぞれの価値観がバラバラな「社会」に生きていますから、そもそも「分かり合えないことを前提にしましょう」などと書く必要がないのです。


喫茶店で「どうして分かってくれないの！」と叫ぶ女性を目撃したことがあります。叫ばれた相手は、恋人の男性なのでしょうか、じつに困った顔をしていました。

「どうして分かってくれないの！」と叫ぶということは「人間は分かり合えることが当然だ」という思いがあります。分かり合っている状態が普通で、今は普通じゃないから思わず叫んでしまった、ということです。

けれど、「人間は分かり合えないのが普通の状態だ」と思っていたら、分かり合えないことで「ああ、やっぱり」と思うことがあっても「どうして分かってくれないの！」と叫ぶことはないだろうと思うのです。

「人間は分かり合えないのが普通の状態だ」と思うからこそ、分かり合えた時はとても嬉しいのです。そして、分かり合えないのが基本だからこそ、なんとか分かり合おうとして、コミュニケイションの技術を上達させるのです。もし、「分かり合える」のが普通の状態なら、コミュニケイションに苦労する必要はないのです。

「どうして分かってくれないの！」と叫んだ女性は、おそらく、コミュニケイションの基本を家族関係で学んだと思います。濃密な親子関係なら、価値観を共有し、お互いが何を求め、何を嫌うかの想像がつくのです。だから、「どうして分かってくれないの！」と叫べるのです。

が、それと同じ関係を、（たぶん最長でも）数年しかつきあってない相手に求めるのは無理です。価値観の違いは、愛という気持ちでは乗り越えられないのです。恋愛の初期は、お互いが熱病状態ですから、価値観の違いを愛が隠してくれます。が、異常な愛の状態から通常の愛の状態になった時には、長い時間を共に過ごしていくためには、「お互いが何を大切にしているのか」「お互いにとって重要な順番は何か」「お互いにとって許しがたいことは何か」などの価値観を語り合わなければならないのです。

お互いの価値観が分かって初めて、お互いのその時の気持ちが想像できるかもしれないのです。

もちろん、価値観を知ったからと言って、必ず理解し合えるとは限りません。ですが、相手とコミュニケイションする時、「分かり合えないのが普通の状態なんだ」と思う所から始めることは、とても大切なことです。

相手は分かってくれない、人間は基本的には分かり合えない——そう思うからこそ、根気強く、丁寧《ていねい》に、コミュニケイションしようと思えるのです。

「世間」で通用する言葉、「社会」で通用する言葉

電車の中で、突然、「やめろよ!」とか「うるさい!」とか、叫び出す人がいます。

何の前提もなく、突然、自分の感情を語るのは、「世間」での会話です。

乱暴な言い方になるのは、たぶん、我慢に我慢を重ねたからだと思います。自分にとってマイナスなことをするはずがない「世間」だと思ってずっと我慢してきたけれど、でも、もうダメだ。我慢できない。

その結果が「やめろよ!」という叫びになるのだと思います。

「世間」は、お互いが共通の価値観に生きていますから、自分の感情だけを話しても

分かってくれる場合が多いです。相手のコンディションが分かるので、何に苛立《いらだ》ち、何に怒っているのか想像することが可能なのです。

けれど、それは電車の中という「社会」では通じません。「社会」では、今、自分がどういう状態なのかを、まったく共通の価値観のない人に伝えないとだめなのです。

「すみません。こんな混雑した車内で雑誌を広げて読まないで下さい。さっきから、ずっと私の肩に雑誌の角が当たっています」

「すみません。イヤホンから音が激しく漏《も》れています。もう少し、音を下げてくれませんか？」

と、丁寧《ていねい》な言葉で自分の状況や感情を客観的に語る必要があるのです。

これは「社会」で通用する言葉です。

「うるさい！」「やめろよ！」などと、自分の感情や状態だけを語ることは、じつはとても簡単なことです。今、自分がどう感じているか、どうして欲しいかを、詳しい説明がないまま語るのはとても楽です。

けれど、「社会」に住む人と交渉する時には、「世間」とはまったく違ったアプローチが必要になるのです。

この話はこの本の重要なテーマなので、これから何度も詳しく説明します。

それでは、コミュニケイションの具体的な技術の話に進みましょう。

レッスンのポイント

・コミュニケイションは「分かり合えないこと」を前提に始める。

・自分がコミュニケイションを取りたい相手は、「世間」に生きているのか、「社会」に生きているのか考えてみよう。

第3章

コミュニケイションの技術「聞く」

1 「聞く」

誰もが自分を語りたい

それでは、コミュニケイションの基本をひとつずつ確認していきましょう。

コミュニケイションは**「聞く」「話す」「交渉する」**の3つから成り立っていると書きました。

最初の基本は「聞く」ことです。

なんだ当たり前だと、あなたは思ったでしょうか。

けれど、**多くの人は聞きません。ただ話します**。電車の中や喫茶店で、各自が順番に自分に関心のあることだけを話している会話を耳にしたことはないでしょうか。

「ねえねえ、昨日の（テレビ番組）見たあ？（俳優の名前）っていいよねえ」

「私、髪切ろうと思ってるんだよね」

「（ブランドの名前）ってよくない？　私、スカート買うんだ」

誰も他人の話を聞かないまま、話し続ける。ここにはコミュニケイションはありません。ただ、「仲のよいふり」や「発散」や「時間つぶし」や「生き延びるための懸命な演技」があるだけです。

若者だけではなく大人も同じです。夜の居酒屋では、大人が若者相手に語り続けます。中年の男性は若者のためと思ってアドバイスしますが、そうすることで癒《いや》されるのは中年男性の方です。相手のためと思って熱く語っている方が浄化《じょうか》され、救われ、安心するのです。

誰もが自分を語りたい。自分に一番関心がある。当然のことです。集合写真を撮れば、誰もがまず自分の顔を確認します。家族や友人の顔から確認する人はいないでしょう。

自意識に苦しんでいる人に僕は「大丈夫だ、安心しろ。君以外に君のことを意識している人は誰もいない」と言います。「失敗しても恥《はじ》かいても、気にしているのは、たった一人、君だけだ」と。冗談めかしていますが、本気です。

みんな自分に関心があって、自分のことを話したがる。だからこそ、人の話をちゃんと聞ける人は、愛され、求められ、好感度が上がり、事態はスムーズに進むのです。

コミュニケイションの達人になるためには、まず、誠実に「聞く」ことが求められるのです。

相手の話をちゃんと聞くだけでいい

もし、あなたが「自分はコミュニケイションが苦手だ」と思っているとしたら、それは、「自分は面白い話ができない」と考えているからではないですか。でも、あなたが相手から愛されるためには、面白い話をする必要はありません。

あなたは相手の話をちゃんと「聞く」だけでいいのです。夜の居酒屋を見れば、その理由はすぐに分かります。みんな、自分の話を熱心に聞いてくれる人を求めているのです。**相手の話をちゃんと聞くだけで、あなたはコミュニケイションが上手い人と思われるのです。**

コミュニケイションの基本を親から学んだ場合――たいていの親は、同じことを何度も言います。子供は話を聞かないと思って、同じことを短い間隔で繰り返します。結果、子供はちゃんと聞くことが減っていきます。話半分、体半分で、相手の話を聞いてしまうのです。

「聞く」という技術に関しては、「世間」と「社会」で求められることに根本的な違いはありません。ただ、「世間」では、あいまいな態度で「聞く」ことに関して、やや寛容です。ですが、「社会」ではそうはいきません。

例えば、人の話を聞きながら、すぐに目が泳ぐ人がいます。それは、相手と話しているのに、傍《そば》を通った誰かを目で追ったり、別な方向を見る人です。それは、相手の話を聞いてない、または相手の話に興味がない、というサインになります。

「世間」は、そういう振る舞いに対して比較的寛容です。けれど、「社会」は、そうはいきません。相手が誠実に聞いてくれていると感じると、あなたも嬉しくなって話に熱がこもります。相手が中途半端にしか聞いてないと感じると、話す熱意は減ります。当然のことです。

と言って、とにかく熱心に聞けばいいというものではありません。

知り合いの若い俳優に、何を言っても「はい！」と元気に答える人がいました。最初のうちは、そのはきはきとした返事に好感を持っていたのですが、一度、かなり複雑な指示を出した時も、間髪を入れず「はい！」と大きな声で返事したので、ちょっと待てよとなりました。これは聞き返さないと分からないことだろうと思ったのです。

条件反射のように明るく返事した俳優に、指示の内容を問い返してみると、案の定、よく分かっていませんでした。なら、どうして質問しないのかと聞くと、「高校時代、とにかく先生の言葉には明るく元気に大きな声で『はい！』と返事するように言われてきた」と答えました。そうしないと、激しく怒られたというのです。この会話の後しばらくして、偶然にも、同じ高校出身の別な俳優と出会ったのですが、その俳優もまた、とにかく、「はい！」と条件反射のように答えていました。

その高校は、演劇系の高校だったので、内心、困ったなあと思いました。たぶん、先生達は、「今どきの若者は、挨拶《あいさつ》も返事もしないし、したとしてもものすごく小さい声で、相手に伝えようという意志がない。演劇は集団作業だから、大きな声で返事するのはお互いの意志疎通《いしそつう》のためには、とても大切なんだ。だから、とにかく、明るく元気に返事をさせよう」と思っているのだと思います。

その考え方は、よく分かります。けれど、物事には限度というものがあるのです。

どんな話をしても力一杯「はい！」と叫ぶことは、コミュニケイションではなく、「分かりました！」とか「あなたの指示に従います」という決意表明です。それは充分なコミュニケイションとは言えません。「はい！」と力一杯叫ぶ時、体は緊張しています。**緊張していると、相手の言葉がなかなか入ってこないのです。**

レッスンのポイント

・相手の話をちゃんと聞くだけで、コミュニケイションが上手い人と思われる。
・自分は、どれぐらい人の話を聞いているか、考えてみよう。
・自分は、「聞く」ことと「話す」こと、どちらの方がどれぐらい好きか、考えてみよう。

2 「聞く」身体

リラックスした身体とは

ちゃんと「聞く」ためには、「聞く」に相応《ふさわ》しい身体が必要です。

それは、**リラックスした身体**です。深くリラックスすれば、あなたは深く人の話を聞くことができます。

そして、それは、話している人にも伝わるのです。この人は、全身で聞いてくれていると感じ、相手は気持ちよく話すことができるのです。

リラックスして聞くためには、身体の力を抜き、自分自身の身体の重心を下げます。より詳しく言えば、身体の中心、**丹田**《たんでん》を意識します。丹田とは、おヘソから指4本分下の部分です。中国4千年の歴史の中で、チャクラと呼ばれている身体の中心です。「腹から声を出せ」の腹の部分でもあります（詳しくは「話す」の章で書きます）。

これから偉い人に会うという時、重要な会議の時、大切な話をする時、つまりあなたが「自分は緊張している」「舞い上がっている」「いつもの自分じゃない」と感じた時は、ゆっくりと深呼吸します。立っていても、椅子に座っていても構いません。一呼吸ごとに、空気が身体の下、ヘソの下あたりに入っていくイメージを持って下さい。空気が入る場所が下になるイメージを持てば、身体の重心も自然に下に下がります。

パニックになっている時や舞い上がっている時は、体の重心は上に上がります。首から頭にまで上がる場合も珍しくありません。そういう時、人間は頭から動き始めます。慌《あわ》てている人、混乱している人は、みんな、頭を突き出して動くのです（図1）。

落ち着いた時、人間はお腹から、つまり丹田を中心にして動き始めます。（図2）

このことは一般的には、「落ち着いたら重心が下がり、舞い上がったら重心が上がる」と理解されています。

ですから、「落ち着いて、重心を下げないといけない」と考えます。けれど、「落ち着こう」と思えば思うほど、パニックになるのが人間というものです。「落ち着け！」と自分に言い聞かそうとすると、この言葉に余計焦《あせ》ってしまいます。

そういう時、「落ち着こう」と一切思わないで、**「身体の重心を下げよう」**とするの

図1　混乱している人

です。

人間の精神と身体は、相互に影響《えいきょう》します。インタラクティブというかツーウェイというか、一方通行ではなく、お互いがお互いに影響し合っているのです。

つまり、「落ち着いている時は、体の重心が下がっている」ということは、逆に「身体の重心を強引にさげる」ことによって「落ち着く」ことが人間は可能なのです。

そんなバカなと、あなたは思うでしょうか？　人間は、気持ちが身体の状態を決めるだけではなく、身体の状態が気持ちを決めるのです。

深く呼吸して、空気を下に入れるイメージを持って、身体の重心を下げて下さい。

あなたは徐々にリラックスする自分を感じ

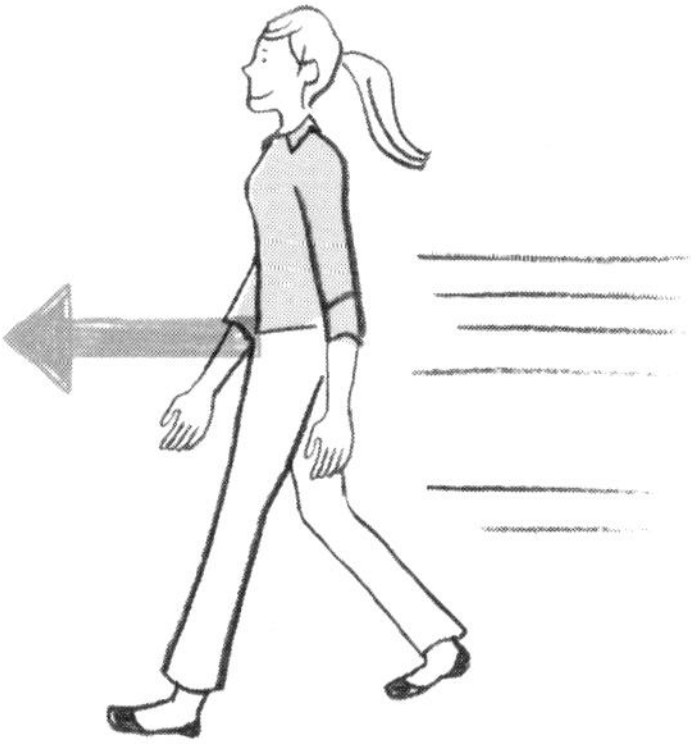

図2　落ち着いている人

るようになるでしょう。

　話を聞く時、あなたが緊張していては、相手も緊張します。いくらお酒の席で年上の話を熱心に聞こうとしても、あなたの身体が強張《こわば》っていては、その固さは相手に伝わるのです。結果、相手もリラックスして話すことができなくなります。

　まず大切なことは、**身体の重心を下げて、つまりリラックスした状態で「聞く」こと**なのです。

丹田を相手に向ける

　腕組《うでぐ》みはしない方がいいでしょう。不安な時、相手が何を言い出すか分からない時、

図３　顔は向いても丹田が向いてない人

警戒《けいかい》している時、人は腕組みをしたり、手を前で組んだりします。ガードしていては、相手の話をちゃんと聞くことはできません。話している相手も「ああ、警戒しているな」とか「興味がないいんだな」と感じてしまいます。

この場合も「気持ちを楽にしてリラックスしよう」と思うのではなく、具体的に、腕組みをやめ、身体の中心である丹田を相手に向けます。そして、胸や腹を開くイメージを持つことで、気持ちが楽になってリラックスするのです。

やはり、身体と気持ちはインタラクティブに影響し合っているのです。具体的に身体を開くことで、相手への警戒心や不安を減らすことができるのです。

ちなみに、相手の話を本当に聞いているかどうかは、じつは、この「身体の中心である丹田が相手の方を向いているか」で見分けることができます。

顔だけが相手の方を見て、身体が別の方向を向いている人がいます。丹田が相手を避《さ》けているのです（図3）。

こういう場合は、本心では話を聞きたくない、あなたの話に納得していないというサインなのです。

身体を開いた状態で、つまり腕組みや手を前で組まず、丹田を相手に向けて少し身を乗り出して聞く、というのがもっとも理想的な「聞く」形です。

相手との適度な距離

コミュニケイションが苦手な人には、話す時に相手との距離《きょり》が近すぎたり、遠すぎたりする人が多いです。相手と適度な距離をとって会話できない人です。

また、過度に緊張している時は、適切な距離がとれなくなることもあります。

人間の対人距離は大きく分けて3種類です。**警戒距離、日常距離、親愛距離**です。

個人の誤差はありますが、具体的に言うと、通常の会話の時は、1m前後が目安です（日常距離）。相手が全く知らない人や外見的に身構えるタイプの場合は、２m前後に伸びます（警戒距離）。恋人や夫婦になれば、50㎝前後が平均の会話距離です（親愛距離）。

逆に言えば、初対面の会話なのに50㎝の距離に近づいて話し始めると、相手は少し変だと感じる、ということです。

恋人になっているのに、いつも、１mの距離をあけて話すのも、相手からすると変だと感じるでしょう。

緊張した会話の場合、この距離のセンサーがうまく働かず、いきなり近くで話し始めるとか、２m離れたまま会話を続ける、なんてこともあります。元気一杯に叫ぶ人は、熱心すぎて、距離が近い、という傾向もあります。

落ち着けば、この距離は自然に体感できます。これぐらいが落ち着くとか話しやすいと感じるのです。ですが、相手がとても偉い人だったり、大切な商談だったりして緊張していると、相手が不快に感じる距離で話を聞こうとしてしまったりします。

そういう時は、落ち着くまでは具体的に前述した数字を目安に相手との距離を取って下さい。通常の会話なら１mが目安です。会話がしばらく続き、だんだんと落ち着いてきたら、自分が快適と感じる距離に修正して下さい。

図4　対面して座る

ちなみに、これはすべて、対面距離、つまり正面で向き合った距離です。立って話す場合が多いでしょう。

座って話を聞く場合の位置関係

座って話を聞く場合は、3種類の形があります。

そのまま、正面に向かい合って座るのが、一番普通の位置関係です（図4）。3つの形の中では、じつは一番緊張する位置関係です。お互いの距離は、間にテーブルがあれば、そのテーブルの幅がそのまま距離になります。

小さいテーブルだと、1m前後の日常距離を確保できなくて、居心地が悪くなる時

図5　横並びの座り方

があります。

また、テーブルが大きすぎると、親密な関係を築きたいのに、警戒距離のままで話を続けなければいけなくなる場合もあります。

もし、あなたがいきなり相手と親しくなりたいと思っている場合は、カウンター形式で横に座って下さい（図5）。

人は横に座ると、距離感覚はいきなり短くなります。日常距離が20㎝から30㎝ぐらいに変わります。

カウンターのような横並びの構図は、相手の顔や目を見る回数が少なくなるので、深刻な話や言いにくい話、親密な話に向いています。相手が「言いにくい話」をしたがっていると感じたら、横並びの構図に座

図6　斜めに座る

るのがいいでしょう。

正面とカウンターの中間で、斜めに座る、という位置もあります（図6）。

友好的に打ち合わせをしたいとか、親しい雰囲気で話を進めたい、という時に最適の構図です。

相手の目を見る時

対面や斜めの位置関係で話している時、ずっと相手の目を見続ける必要はありません。

僕はもう30年近く、俳優のオーディションを続けているのですが、時々、面接の時も演技の時もずっと僕の目を見続ける人に出会います。インタビューと演技をあわせて10分近く、じっと僕の目を見続けるのです。

もちろん、僕は困ります。こんなに長い時間、目を合わせ続けるのは人間として不自然だからです。きっと、あなたはかなり無理をしているんだろうなあと、じっと僕の目を見続ける人の精神状態を心配します。声にならない悲鳴を上げているんじゃないかと考えます。

がんばりたいという気持ちは分かりますが、どんな時も、心の悲鳴を無視してはいけないのです。自分にとって不自然に感じることは、相手にも不自然に伝わるのです。

相手の目を見るのは、「あいづち」や「うなづき」「言いかえ」の時が目安です

（「言いかえ」は後で説明します）。

うまくできない人は、相手が話し始めた瞬間に、まず、目を見ます。たった一回しか相手を見ない場合は、話の途中より、最初に見る方がはるかに効果的です。5分から10分ぐらいの会話なら、一番最初に目を合わせていれば、その後、一回も合わせなくても、最後にもう一回見るだけで大丈夫という場合もあります。

会議では、誰かが話し始めた瞬間に、その人の目を見ます。それは「あなたの話に興味があります」「私は聞いています」のサインです。そうすれば、後々、「お前は私の話に反対していた」「興味《きょうみ》がなかったんだろ」と反感や反発を受ける可能性が少なくなるのです。

ここぞという時に微笑もう

満面の笑みで聞く必要もありません。

いつも微笑《ほほえ》んでいるのは、不自然です。デパートの入り口には、張りついたような笑顔で挨拶《あいさつ》している案内の女性が立っています。高級なデパートになればなるほど、その笑顔は仮面のようです。一分間に何十人も通る入り口で、頭を下げ続けるのです。それは、ちょっと考えただけで、どれほど非人間的な労働か分かります。

日本では、飛行機を降りてタラップから出ると、やはり一人ひとりに「ありがとうございました」と言い続ける人がいます。

何時間も何百回も満面の笑みで微笑み続けるのは人間として不自然だし、そもそも不可能です。あきらかに人間の生理を無視しています。けれど、マニュアルとしてやらなければいけない場合、人間はロボットになるしかありません。人間として不可能を実現するためには、ロボットになってやり遂《と》げるしかないのです。

少しも人間味のない、温かさもない、ロボットのような微笑みになるのです。そして、ロボットになった笑顔を向けられても、少しも嬉しくないことを、あなたはもう知っているはずです。けれど、ロボットになった人が悪いのではないのです。人間として不可能を求められているのですから。

僕は逆に、挨拶し続ける人の体を心配します。人間がロボットになるのは、本当に凄《すさ》まじいストレスです。そして、そんなマニュアルを作った人を、軽蔑《けいべつ》します。世の中で一番、人間が分かってない人だと思うのです。

あなたは、ここぞという時に、微笑めばいいのです。それまでは、普通の顔で構《かま》いません。視線が泳ぐと退屈していると思われますから、話を聞いている時は、相手の目と目の間・眉間《みけん》とか、相手の胸、相手の喉《のど》などを見つめます。自分の手元や足元だけをじっと見るのは避《さ》けます。つまり、視線が下になるのはマイナスのイメージになります。相手の体の一部を見つめるのです。

普段、まったく微笑めない人は、少しがんばります。

「がんばること」と**「無理すること」**は違います。

がんばることも無理することも、日常の状態から目標の状態に変わろうとすることです。まったく微笑めない人が微笑もうと努力することは、変わろうとすることです。その努力をネガティブに感じたら、あなたは無理をしています。もし、ポジティブに感じたら、あなたはがんばっています。ネガティブだと痛みだけを感じます。ポジティブだと、痛みも感じますが手応《てごた》えというか充実感も感じます。

うまく微笑めない人が、懸命に微笑んで、痛みを感じながら、けれど自分にとっては必要なことなんだと充実感を感じられれば、それはがんばっている範囲です。けれど、うんと微笑んでも充実感はほとんどなく、はるかに大きな痛みを感じるようなら、それは無理をしている証拠です。無理をした笑顔は、その無理が相手に伝わります。そうすると、マニュアルの笑顔のように、まったく逆の感情（冷たさとか事務的な礼儀など）しか伝わらないのです。

「がんばること」と「無理をすること」の違いに敏感《びんかん》になって、ポジティブに努力してみて下さい。ネガティブな感情しかわいてこない時は、やりすぎている時です。体の力を抜いて、一度、楽になりましょう。

レッスンのポイント

・聞くときはリラックスして身体の重心を下げ、丹田を相手に向ける。

・目的別、シチュエーション別に座り方を変えてみよう。
・「あいづち」や「うなづき」「言いかえ」のタイミングで相手の目を見る。
・今、この本を読んでいる時の自分の重心の場所を感じてみよう。おヘソより上なら、深呼吸をしながら、おヘソの下に下げるイメージを持ってみよう。

3 「聞く」気持ち

いつも元気で明るくなくていい

コミュニケイションの得意な人は、常に「元気で明るい」人ではありません。常に「元気で明るい」状態は人間として不自然です。

常に「元気で明るい」という呪縛《じゅばく》が「コミュニケイションは苦手だ」という意識を持つ人を大量に作っていると、僕は思っています。

僕は演劇の演出家を30年ぐらいやって、映画を撮ったり小説を書いたりしていますから、たまに接待《せったい》を受けることもあります。

じつは僕は接待が苦手です。僕を接待する人は、常に「元気で明るく」会話しようとする人が多いです。けれど、一緒に食事をしますから2時間前後、ずっと「元気で明るい」のは人間として不自然なのです。

親しい相手で会話が弾《はず》んだ場合ならあるかもしれませんが、たいていの接待は、

「これからよろしくお願いします」という比較的馴染《なじ》んでない相手の場合が多く、よく知らない相手が2時間ずっと「元気で明るい」のはどうもおかしいと感じてしまうのです。

夜の飲食街を歩いていると、黒塗《くろぬ》りの高級ハイヤーやタクシーの前に、背広姿の男性達が集まり、「それでは失礼します！」とか「今日はありがとうございました！」なんて言いながら元気にお辞儀《じぎ》している風景にぶつかります。ハイヤーやタクシーが発進して見えなくなった瞬間、懸命にお辞儀していたサラリーマン達は、本当に深い溜《た》め息をつきます。「元気で明るい」仮面を瞬間的に取り去って、疲労と虚脱《きょだつ》の素顔《すがお》を見せるのです。

大変だなあと僕は同情するのですが、同時に、こんな「元気で明るい」接待を受けた方も大変だったんじゃないかなと勝手に心配するのです。

「必死に気を使っている」という状態は相手に伝わります。 接待する側がリラックスすることなく、いつも気を使っている場合、それはそのまま、相手に伝わります。接待を受ける側に相手の緊張が伝わり、同じように緊張するのです。

ちなみに、電車の中の女子高生の集団にも、同じ現象を僕は見ます。元気で明るい笑顔でホームに降りた女子高生は、一瞬で真顔になります。本当に会話が楽しかったら、ゆっくりと普通の表情に戻るはずです。それが、一瞬で変わるということは「元気で明るく」会話しようと決めていたからだと、僕には思えるのです。

接待の話に戻れば、僕がほっとする飲み会は、**相手の身体がリラックスしている時です**。ゆるんでいる状態と言ってもいいです。そして、必要以上に微笑むことなく、楽な状態でいてくれる相手です。そういう場合は、僕の身体もゆるみ、コミュニケイションが楽に続けられるのです。

レッスンのポイント

- **いつも「元気で明るい」状態は相手を疲れさせる。**
- **自分の身体がリラックスすれば、相手もリラックスできる。**
- **最近、「必死に気を使った」時があったかどうか、あればそれはいつか、思い出してみよう。**

4　反応する身体

相手と共感すること

心理学を援用《えんよう》した恋愛本などで必ず「ミラーリング」というテクニックがあります。紹介されているものです。

話している人と友好な関係を築くために、相手の動きを鏡に映《うつ》ったように真似《まね》するのです。

足を組む、お茶を飲む、腕を組む、首を傾《かし》げる、髪を触《さわ》る、微笑む、机を指で叩《たた》く、座り方を変える。相手と同じ動きをすることで、相手の警戒心を解き、相手と（無意識に）仲良くなるという方法です。これがどれほど有効なのか諸説《しょせつ》あるようなのですが、まったくのデタラメではないと思います。

演劇において、俳優に対する観客の究極の感情移入はなにかご存じですか？　俳優の演技に一喜一憂するのはもちろんですが、観客がその俳優に（つまりはその役に）

没入すると、俳優と呼吸を一致させます。

数百人の観客が、俳優が息を吸ったら吸い、息を吐《は》いたら吐くのです。そんなバカなとあなたは思うでしょうか。しかし、それは起こります。俳優が息を止めると数百人の観客は息を止め、深く吐き出せば、深く吐くのです。

つまりは、**感情移入をすれば、相手と同じ呼吸になるのです**。当然、同じ動きになることはあるでしょう。逆から考えれば、感情移入したい人の動きを真似することで相手に感情移入しやすくなる、ということはあるでしょう。

そして、感情移入される側としては、自分と同じ動きをし、自分に合わそうとしている相手に好感を持つことはあっても、反感を持つことは少ないだろうということです。

「ミラーリング」では呼吸のことはほとんど言われませんが、**相手と呼吸を合わせる、というのは意外と有効です**。

確実に相手に好感をもたれるかどうかは分かりませんが、まず、相手の精神状態が分かります。単純に相手の呼吸を真似すると相手が今興奮しているのか、リラックスしているのか、どちらでもない状態なのかが分かるのです。

相手の話を聞きながら、相手の呼吸を真似してみて下さい。相手が吸ったら吸い、相手が吐《は》いたら吐くのです。静かにやれば、相手に気づかれることはないでしょう。

会議で、対立しているA、B2人のリーダーがいるとします。どちらのリーダーの方が会議のメンバーに支持されているかは、A、Bのリーダーの動きを、何人の参加者が真似しているかを見れば分かります。

Aがコーヒーを飲んだ時とBがコーヒーを飲んだ時に、何人の参加者が同じようにコーヒーを飲んだか。Aが腕を組んだ時とBが腕を組んだ時は、何人がそれぞれ同じ動きをしたか。対立が深刻になればなるほど、自分が信じるリーダーと同じ動きをする参加者は増えます。

ですから、逆に言えば、相手の動きを真似することは、相手に対して親しい感情を起こさせるということなのです。

ただし、最近はこの「ミラーリング」が有名になりすぎました。相手がコーヒーを飲んだ時に、続いて飲もうとすると、「あ、ミラーリングだ。あざといなあ」と思われて、却《かえ》って反感を買う可能性もあります。さりげなくすることが大切でしょう。

同じく**「ペーシング」**というテクニックもあります。相手の感情にあわせる、というものです。

相手が「ねえ、聞いて聞いて！」と興奮しながら話しかけてきたら「どうしたの⁉」と楽しそうに聞く。相手が「ねえ、聞いてよ」と沈痛《ちんつう》な面持ちで話しかけてきたら、「どうしたの？」と深刻《しんこく》な顔で聞く――というテクニックです。

ここで言われているのは、相手と**「共感する」**ということです。

相手が楽しそうに笑顔で話しているのに冷静な顔で聞いてたら、相手の話は続かないでしょう。相手が悲しい顔で話しているのに、ニヤニヤと笑いながら聞いては相手は話す気持ちがなくなるでしょう。

なにも面白いコメントを言う必要はないのです。ただ、相手と「共感」しながら、相手の話を聞くのです。それだけで、あなたは「人の話をよく聞いてくれる人」「コミュニケイションしやすい人」と言われるようになるでしょう。

レッスンのポイント
・相手と呼吸を合わせ、「共感」しながら話を聞く。
・話し相手の「呼吸」に合わせたことや、意識的に「共感」しながら話したことがあるかどうか考えてみよう。

5 「聞く」言葉

「うまく」聞くために

ちゃんと「聞く」ための身体を中心に解説しました。ここからはうまく「聞く」ための言葉です。

適当な間隔で**「うなづく」**ことがまず大切です。相手の言葉が終わるたびに、つまり、丸（句点）ごとにうなづく人がたまにいますが、過剰《かじょう》でしょう。そういう人はやっぱり体が緊張していて、その緊張が相手にうつります。

「へえ」とか「ほお」とか「なるほど」「そうか」とか、適時にポジティブな**「あいづち」**を打つことも有効です。元気に叫ぶ必要はありません。

「うなづき」と「あいづち」が効果的にできるようになったら、次に、「それからどうなったんですか？」「それはつまり？」「その友達が？」と時々**「うながす」**ことも重要です。

話の途中で電話がかかったり、ウエイトレスが入ってきて中断することがあります。そういう時、さっきまで話していた内容の単語を口にして続きをうながす、ということも大事なテクニックです。

「60 kgですか」「誰もいない!?」「真っ赤になったんですか」と、相手の話の中のキーワードとなる言葉や文章を**「繰り返す」**ことも有効なテクニックのひとつです。適宜《てきぎ》繰り返すことで、「私はあなたの話に興味をもっています」「あなたの話は面白いです」ということを示すことができるのです。

この場合、相手の言った単語や文章をそのまま繰り返すことが重要です。

さらに上級のテクニックに**「言いかえる」**というのがあります。相手の話を聞きながら、相手の話を分析し、コントロールするテクニックです。

相手が今やっているプロジェクトの不満を延々《えんえん》と話しているとします。

「いやもう、全然、ダメなんだよ。山田さんは動いてくれないし、この前なんかもさあ、俺自身がどういう指示を出していいのか全く分からなくてさ、だけど本社は急げ急げって文句ばっかり言ってさ、そんなことしてたら、また事故起きるに決まってるんだよ。なのにさ……」

相手が混乱している時は、相手の話は要領《ようりょう》を得《え》ません。そういう時は、つまり、相手は何を言いたいのかを考えて、要所要所で、相手の話を「言いかえる」のです。

「このプロジェクトは自分に向いてないっていうこと？」

「本社の上司の指示がダメなの？」

「やっぱり、仕事の量が多すぎるって思ってるんだね」

と、相手が話していることを確かめ、別な言葉で言いかえるのです。

そうすることで、相手は自分の話を整理することができます。

逆に言えば、「言いかえる」技術をうまく使えば、相手の話をコントロールすることができます。こっちの時間がないのに相手の話が長い場合や、相手の話が支離滅裂《しりめつれつ》でよく分からない場合などは特に有効です。

ただし、時間があれば、「言いかえる」目的は、相手に気持ちよく話してもらうことだと思って下さい。

相手の話に「うなづき」、「あいづち」を打ち、時には「うながし」、相手の言葉を適宜「繰り返し」、そして「言いかえて」、相手にたっぷりと話させてあげて下さい。

相手が充分に話すだけで、問題の大半が解決する場合もあります。自分の思いのたけを吐き出し、感情が解放されるからです。すべてを話して、安心する場合も多いです。

また、話しながら、自分は何を感じていたのか、本当はどう思っているのかということに気付くこともよくあります。ちゃんと「聞く」だけでも、相手の悩んでいる論点が自然に整理されて、劇的に事態が変わることも多いのです。

ちゃんと「聞く」だけで、あなたはコミュニケイションの達人になれるのです。

相手は本当は何を話したいのか?

人間は、話していることと思っていることが違うことは普通にあります。話している言葉と反対のことを思っていることは珍しいことではありません。

演劇ではセリフの下にある本当に言いたいことを**「サブ・テキスト」**と言います。例えば「あなたなんか大嫌い!」と叫ぶセリフのサブ・テキストが「あなたが大好き!」だということは、派手なテレビドラマでは珍しいことではありません。表面の言葉に引きずられてはダメなのです。

相手の話をさんざん聞いているのに、相手の顔がまったく晴れなかったり、嬉しそうじゃなかったり、話が終わりそうにない時は、「相手は本当は違うことを話したいんじゃないか」と考えてみる必要があります。

「相手は何を話したいのか？」というサブ・テキストを探るのです。

「どうも、言いたいことと話していることは違うんじゃないのか」と感じたら、「そんなこと言いながら、本当は嫌なんじゃないですか？」とか「本当は給料が問題だと思ってるんでしょう」とか「僕だったら、そんな人、嫌です」と、話題の周辺を探ります。

その時の相手の反応で、サブ・テキストを見つけるのです。

詳しいやり方は「交渉する」の章で書きますが、相手のサブ・テキストを知り、相手の話したいサブ・テキストの方向に話を導くことができれば、かなり上級の「聞き」名人になるでしょう。

レッスンのポイント

- **「うなづく」「あいづち」「繰り返す」「言いかえる」を効果的に。**
- **自分はちゃんと「聞いて」いるか、考えてみよう。**
- **相手が本当に話したいことを見つけたことがあるか、考えてみよう。**

6　否定してはいけない

否定的なあいづちはやめよう

相手の話を途中でさえぎるのは、やめた方がいいでしょう。たいていの場合、人は自分の話をしたいので、相手の話をさえぎります。ですから、ちゃんと最後まで自分の話ができるというのは、とても嬉しい状態なのです。

相手の話にまず「否定《ひてい》」で反応するのもやめた方がいいです。相手の話を聞いて「いや、そうじゃなくて」とか「違うと思うよ」とか「それ、おかしくないか」など、「否定」や「批判」「忠告」から始める人は多いです。

特に日本だと自分より年下から言われた意見を、まず否定してから始める人が多いようです。

たまに否定的な「あいづち」を連発する人がいます。「そうかなあ?」「えー」「なんで?」と、否定の「あいづち」を続ければ、ほとんどの人は話す気持ちがなくなるでしょう。「あいづち」は「なるほど」「すごい」「へええ」などの肯定的なものであるべきです。

ネットの意見は8割がネガティブな書き込みだと言われています。何かを見たり読んだりした感想は、8割が「ダメだった」という否定だというのです。

自分の意見を言うのに、一番簡単なのは、相手を否定することです。代わりの案を出したり、相手のいい所を見つけたりするのは難しいのです。ですから、手軽に自分を主張しようとしたら、批判したり否定すればいいのです。

けれど、それでは、建設的なコミュニケイションは始まりません。まずは、「なるほど」と**肯定的なあいづちやうなづき**を示し、相手との関係を築《きず》いた後に、（どうしても言う必要があれば）批判を口にするのです。それが、上級者のテクニックなのです。

レッスンのポイント

・否定的なあいづちをやめて、肯定的なあいづちを。

・自分は普段、否定と肯定、どちらのあいづちが多いか考えてみよう。

7　質問する

話が退屈な時のテクニック

　と書きながら、つまらない相手の話を聞き続けるのは苦痛です。退屈《たいくつ》に感じ始めれば、無意識に手を体の前でクロスして体は閉じ、丹田は別な方向を向いて、あいづちやうなづきも機械的なものになってしまいます。相手には「こいつ、人の話を聞いてないな」と悪印象をもたれてしまいます。

　そういう時は、**「質問する」**というテクニックがあります。

　話が退屈な人の場合、話の**「内容が退屈」**というケースと**「話し方が退屈」**というケースがあります。

　とても面白い体験をしているのに、話し方が要領を得なくてつまらない場合、質問をしていくことで、話の魅力を発見していくのです。

　自分で面白いと思っていることと、他人が面白いと思うことが違うことは、別に珍しくありません。多くの人は、自分の話を客観的に見ることはできません。面白い話をしようと力めば力むほど、普段とは違う話し方になって、要領を得なくなることも普通にあります。相手がそうなっている時は、（つまり、話がつまらないと感じた時は）こっちから質問するのです。

珍しい体験をした場合、面白さは具体的なことに現れます。けれど、話す人は全体の印象・感想・結論をいきなり語りがちなのです。

「いやあ、この前、面白いものを見たんだよ。道でさ、パフォーマンスっていうの？　火、吹いててさ。すごかったよ」

というような大雑把《おおざっぱ》な話には、具体的に質問することで、情景がいきいきと現れ、本人が感じた面白さが伝わるのです。

「道ってどこですか？」「何人のパフォーマンスですか？」「どうやって火を吹いたんですか？」「熱さは感じましたか？」「どれくらいの火なんですか？」

ポイントとしては、**話している人の感情が大きく動いたと思われる瞬間**に関する具体的な質問をすることです。具体的な質問をすることで、その瞬間を詳しく話してもらえれば、聞き手の感情も動きやすくなります。

もし、相手の「話の内容」そのものが退屈だと感じた時は、相手の話題を替えてもらいます。そのためには質問です。次の話を始めてもらうために「聞く」のです。コミュニケイションをうまくなろうとするあなたは、面白い話をしようと苦しむのではなく、相手に話してもらうのです。だって、相手は話すことを望んでいるんですから。

2種類の質問

質問には**「オープン・クエスチョン」**と**「クローズド・クエスチョン」**というのがあります。

クローズド・クエスチョンというのは、答えが、イエス、ノーの形や、限定されるものです。

「映画は好きですか？」「最近、恋をしていますか？」「ロンドンとパリ、どっちに行きたいですか？」

答えは「はい、好きです」とか「いいえ、最近はごぶさたで」とか「どっちかというとパリです」とか、限定されたものになります。

これらはすべて、クローズド・クエスチョンです。

「どんな映画が好きですか?」「一番最近の恋はどんなのですか?」「行きたい外国はどこですか?」

これらはオープン・クエスチョンです。

答えが限定的ではなく、無限に広がる可能性がある、ということです。

どちらの質問がいいとか悪いとかではありません。この2つのタイプの質問を効果的に組み合わせて、相手に質問し、そして聞いて下さい。

簡単な理解としては、クローズド・クエスチョンだけを連続すると、なんだか警察の取調べみたいになります。

「映画は好きですか?」「はい」「日本映画と洋画、どっちが好きですか?」「日本映画です」「監督と俳優、どっちが目的で見ますか?」「俳優です」「男優と女優、どっちが目的で見ますか?」「男優です」

聞いている方は、会話が弾んでいると思うかもしれませんが、答えている方はあまり楽しくないはずです。

そういう時は、「映画は好きですか?」「はい」「どんな映画が好きなんですか?」「ホラーが好きなんです」「怖いの平気なんですか?」「はい」「お勧めのホラー映画はなんですか?」「えーと……(作品名)ですかね」というふうに、**クローズド・クエ**

スチョンとオープン・クエスチョンを組み合わせていくといいでしょう。

質問は素直に聞くことです。決して、気取ったり、ちゃんとしたことを聞こうなんて思ってはいけません。「聞くは一時《いっとき》の恥、聞かぬは一生の恥」という諺は至言《しげん》だと思います。

相手がよっぽど忙しい人でない限り、気持ちよく答えてくれるはずです。「トンチンカンな質問かもしれないんですが」とか「全く分かってなくて聞くんですが」とか、聞きにくい時はいろいろと前置きをすればいいのです。

齋藤孝《さいとうたかし》さんの命名なのですが、人間には**「教育欲」**というものがあります。「人を教育したい」という欲望です。夜の飲み屋を覗《のぞ》くと、中年男性が若者にいろいろと教えています。演劇の世界でも同じことが起こります。この時、言葉は悪いですが、売れてない人ほど熱心に若者に教える傾向があります。

本当に売れていて、周りから尊敬されている俳優やスタッフは、あまり熱心には酒の席では語りません。それは、その人が黙っていても、周りはその人の発言や行動を気にして、お手本にしようとしていると分かっているからです。つまり、この時点で、売れている俳優やスタッフは自分の教育欲を満足させているのです。

けれど、売れてなく、つまりはあまり注目されてない人は、飲み屋の席で熱心に自分の演劇論や演技論を若者に語ります。ふだん、注目されずお手本になってないことを知っているからです。

ですから、あなたの話し相手がよっぽど売れていたり、社会的地位が高かったりしない限り、「教育欲」を満足させてないはずです。ですから、「質問する」ことは相手にとって迷惑なことではないのです。

飲みたがったり、話したがったり、アドバイスしたがったりする先輩や上司・大人は、「教育欲」を持て余している人の場合が多いのです。ただ話を聞くだけで、大喜びされるはずです。

レッスンのポイント

・2種類の質問をうまく使い分けよう。
・自分は普段、どちらのタイプの質問が多いか、考えてみよう。
・相手の「教育欲」を利用しよう。

8 話題を作る質問

まずは何気ない話から

質問が浮かばない時は、僕は「**シタシキナカニ衣食住**」を考えます。

これは僕が中学時代、「話題に困った時には、この話をしなさい」というアドバイスの記事を読んで以来、ずっと覚えていることです。

シは趣味、タは旅、シは仕事、キは気候、ナは仲間、カは家族、ニはニュース、衣はそのまま服装、食は食事、住は住まいや住所の頭文字です。

相手に質問する話題が浮かばない時に、この中から探せばいい、ということです。

趣味は、スポーツなら野球やサッカー、健康関係ならジョギングや健康法、映画、小説、テレビ番組、などなどです。

旅は、最近どこに行ったのかとか、世界の街で好きな場所はどこか、行きたい国はどこか、なんてことです。

仕事は、そのまま、どんなお仕事ですか？　最近は何をしてますか？　から始まる話題です。

気候は、どんな場合でも話を始めることができる鉄板の話題です。「最近、寒いですね」「天気予報によると今日はこの夏一番の暑さになるようですよ」などなどです。

仲間は、自分の友達の話です。こんな変わった奴がいる、こんな面白い奴がいる、なんてことです。

家族は、自分の両親や子供の話です。相手と共通点があると（親の年齢とか、子供がいるとか、厳しい門限があったとか）話が弾むでしょう。

ニュースは、まさに最近の話題の話です。あまりネガティブなものではなく、ポジティブな方が話題は盛り上がりやすいでしょう。

衣服は、ファッションセンスの話（その服がおしゃれとか似合っている）から、寒くなってきたのでコートを出そうと思っているなんてことまで、服に関する話題全般です。

食事も、今日××を食べたという話から、うまいラーメン屋さんやグルメの話、さらにダイエット方法まで、幅広く盛り上がることができます。

住まいは、どこに住んでいるという地名の話から、どんな家に住んでいる、までいろいろです。

まずは、気候やニュースの話から入るのが無難でしょう。話にたいした中身はなくていいのです。「私はあなたに関心があります」「私はあなたと話したいんです」というサインなのですから。

共感をすることが大切

何気ない話を続けながら、相手の長所を見つけて下さい。どんな人にもひとつは面白い話題があるはずです。

あなたが「聞く」達人になれば、「その話、面白いですね」とか「そんなことがあるんですか」とか「そういう話、好きです」という言葉で、相手がまったく自覚しなかった長所を伝えてあげることができるのです。

そうすることで、相手のコミュニケイションの技術は上達します。内心、「ほお、こういう話が面白いのか」「へえ、こういう部分が聞きたいのか。私の予測と違うんだな」と分かっていくからです。

相手の話に面白い所がまったくない、という場合は、話を聞くあなたの方に問題があるかもしれません。例えば、盆栽《ぼんさい》やクラシック音楽や釣《つ》りにまったく興味がなくても、細かなディテールの中には、きっと面白い何かがあるはずなのです。

銀座の有名店のホステスさんは、その店で一番の美人が人気ナンバー1になるわけではない、というのはよく言われることです。一番の美人は、たいていナンバー2で、売り上げナンバー1は、とにかく**「聞き上手な人」**がなると言います。

どんな業界の人が来ても、一時間は楽しく話ができる人、という言い方もされます。金融関係の人が来ても、建築関係の人が来ても、テレビ関係の人が来ても、飲食関係の人が来ても、的確に質問できるからこそ、一時間、相手に楽しく話させることができるのです。そういう人が人気ナンバー1になるのです。

もちろん、そういうホステスさんは、ふだんから新聞を読み、ネットのニュースをチェックして、世界の動き全体を浅く広く知っています。深く知る必要はないのです。ただ「インフレターゲット」「シェアハウス」「レアメタル・アース」など、さまざまな分野のキーとなる単語だけは知っているのです。

いくつかの話題の単語を知っていれば、質問できます。そうすると、相手は、「おっ、なかなか分かっているな」と嬉々《きき》として説明を始めるのです。たいてい、そういう大人は「教育欲」に満ちていますから、教えるだけで嬉しくなってしまうのです。

面白そうな話題が出たら、そのことに集中することを楽しんで下さい。質問する時に、「的確な質問をしよう」とか「これはオープン・クエスチョンにしようか、クローズド・クエスチョンにしようか」とか「この話題はもう少し続けた方がいいのか、変えた方がいいのか」と考えていると、冷静になってしまいがちです。ペーシングしないまま、つまりは「私はあなたに興味があるんです」とか「へえ、面白い話ですね」という共感をしないまま、質問を続けることは最悪のパターンになります。

質問を考えることと、相手の感情を感じることを両立させることが大切なのです。

レッスンのポイント

・質問することがなかったら「シタシキナカニ衣食住」で。
・何気ない会話を続けながら相手の面白い話題を見つける。
・「シタシキナカニ衣食住」のそれぞれの話題をひとつづつ、今、考えてみよう。

9　沈黙を恐れない

落ち着いて、深い呼吸で

そして、最後に**「沈黙を恐れない」**ということも確認しておきましょう。

沈黙したら沈黙したで、焦《あせ》らない。それは大切なことです。沈黙したら、穏《おだ》やかに微笑み、体の力を抜き、重心を下に下げてください。

そして、深呼吸をひとつ。あなたの体がゆるんでいる限り、その沈黙は悪い沈黙ではありません。落ち着き、深く呼吸しながら、ゆっくりと沈黙をかみしめるのです。

それができるようになれば、あなたはもう「聞く」名人になっています。

相手の体も自然にゆるみ、お互いが気づかないうちに、会話が再び始まっているでしょう。

第4章

コミュニケイションの技術
「話す」

1 「話す」

相手は「世間」の人なのか、「社会」の人なのか

それでは、コミュニケイションを構成する3つの要素、「聞く」「話す」「交渉する」のうちの**「話す」**技術についてです。

あなたと同じ「世間」の人と話すか、それとも「社会」の人に向かって話すかによって、話すスタイルは変わってきます。

『「空気」と「世間」』(講談社現代新書)に書いたことですが、大切なので繰り返します。

2008年秋葉原で7人を殺し10人を傷つけた通り魔事件の犯人Kは、2000回前後、携帯サイトの掲示板に書き込みをしていました。

「負け組は生まれながらにして負け組なのです　まずそれに気付きましょう　そして受け入れましょう」

「書き込みをしてもヒット数が自分の分しか増えないのは正直さみしいものがありますね…　はじめからわかっていたはずなのですけれど」

「私、6月でクビだそうです　次はどこにいきましょう　いい街ありますか？」

「ものすごい不安とか、お前らにはわからないだろうな」

最初のうちは彼の書き込みにコメントする人もいましたが、やがて誰も反応しなくなります。

犯行当日も「秋葉原で人を殺します」と書き込みます。犯行後、「ネットの犯行予告に気づいて、誰かが止めてくれればよかった」と語りました。

彼の職場は工場の生産ラインで、仕事中、話す相手は一人もいませんでした。仕事が終わっても、ほとんど会話らしい会話はなかったそうです。彼の膨大な書き込みは、彼の本音を「話す」行為だったのです。

彼の文章は、どれを見ても1、2行の短いものです。相手と自分が同じ世界に生きているという前提で、投げかけられたものです。自分の生活状況を具体的に説明したり、自分の苦しんでいる問題を客観的に伝えたりするものではありませんでした。

彼は掲示板で、何も言わなくても分かってくれる相手、自分と環境や価値を共有している相手、つまり自分と同じ「世間」に生きる人に向かって話し続けたのです。

けれど、残念ながら掲示板には、Kが生きる「世間」はありません。そこが派遣《はけん》社員専門の掲示板で、書き込んだり読んだりする全員が派遣社員のおかれた状況を理解しているのなら、それは「世間」のひとつです。けれど、匿名《とくめい》の人達が無秩序《むちつじょ》に書き込む掲示板は「社会」そのものなのです。そこでいくら、短い言葉を話し続けても誰にも届かないのです。

それはまるで都会の雑踏《ざっとう》の真ん中で、高校時代のクラスメイトの名前を呼びながら、思い出話をしているようなものです。それをキャッチしてくれる「世間」はないのです。

彼が掲示板で「世間」にしか通じない言葉を話し続けたのは、彼が青森という比較的「世間」が壊れないまま残っている土地の出身だったからじゃないかと僕は思っています。

故郷の「世間」にいる人は、同じ価値観で生きています。「今日はなんか風が違う。やっと冬が終わる」と話せば、聞く人も話す人も、同じ感覚を共有します。青森の人が沖縄の人に向かって「今日はなんか風が違う。やっと冬が終わる」と話しても、同じ感覚は共有されません。相手は「社会」に生きる人だからです。

Kは、掲示板の向こうに仲間を求めていました。たった一人でも、「人殺しをやめろ」と書いてくれればやめていた、ということを事件後に語っています。仲間を「世間」から探そうとしたのです。けれど、掲示板の向こうには「世間」はないのです。

彼は「社会」からたった一人の仲間を見つけるべきだったのです。

Kがもし、「社会」に向かって話していたらどうなっていたのかと僕は考えます。

「ねえ、派遣社員の状況って知ってますか？　派遣は、クビになったその日に社員寮を出て行かなけりゃダメなんですよ。クビになった瞬間に、住所不定になるんです。これじゃあ、どうやって再就職したらいいんでしょうね。同じような境遇の人、いますか？」と、自分のおかれている状況や情報を伝える言葉を「派遣社員」の現状を知らない人にも分かるように話していたら、事態は変わっていたんじゃないかと僕は思います。少なくとも、たった一人の男性ぐらいとは、会話を続けられていたんじゃないかと想像するのです。

「話す」時、相手が「世間」に属している人なのか、それとも「社会」に生きる人なのかを区別することは大切なことです。

「社会」に生きる人に向かって「話す」時は、あなたはあなたの状況を客観的に伝える必要があります。何も伝えてないのに「苦しい」と言っただけで相手が分かるはずがないのです。

アメリカから伝わってきたディベートは、典型的な「社会」に生きるためのコミュニケイション手段です。あらゆる客観的な情報と論理を使って、相手を説得するのです。

「世間」で一番求められるコミュニケイションは、「あうんの呼吸」と呼ばれる、以《い》心伝心《しんでんしん》、何も言わなくても伝わる方法です。「世間」の濃密な空間では、ディベートのような客観的な情報や論理を語っていると、「水臭《くさ》い」「他人行儀」「人付き合いが分かってない」「情がうすい」と言われるのです。

レッスンのポイント
・話す時、相手が「世間」と「社会」どちらに生きる人なのか考えよう。
・「社会」に生きる人に向けて、「世間」の言葉で話したことがあるかどうか、考えてみよう。

2 「世間」と「社会」の話し方の違い

「中途半端に壊れた世間」に住んでいるということ

「やる気があるのか！」と叫ぶ上司がたまにいます。「ノルマを達成できなかったことをどう思っているんだ？」とか「どうして80％しか今月は売れてないんだ!?」ではなく、「やる気」という相手の気持ちを問題にするというのは、客観的な会話ではありません。

「昨日、取引先を7社回ると言っていたのに、4社しか行ってないんだね。体調が悪かったのか？　先方で何かトラブッたのか？　それともやる気の問題なのか？」

これは、「社会」に向かっての言葉です。なぜ自分が怒っているのか、何が問題なのか、説明しているからです。

けれど、「やる気あるのか！」と一言だけ叫ぶのは、「俺が何を怒っているのか、分かっているよな。別にお前は体調が悪かったわけじゃないし、先方でモメたわけじゃないんだよな。じゃ、どういうことなんだ?」ということが前提の会話なのです。

それは、怠《なま》け癖《ぐせ》があることが分かっている子供と大学進学を何時間も語り合ったのに、10分後、勉強部屋を覗《のぞ》くとゲームに夢中になっている姿を見て、思わず親が叫ぶ「やる気があるのか!」と同じスタンスです。

お互いの価値観を充分分かり合っていて、全ての事態を理解した上で叫ぶ言葉なのです。それは同じ「世間」を生きる人だけが話すことのできる言葉なのです。

上司は、叫ぶ親と同じように、部下と同じ「世間」に生きていると思っているでしょう。けれど、若手社員からすれば、上司と自分が生活しているのは、「世間」ではなく、「中途半端に壊れた世間」なのです。

ただ一言で会話が成立する空間ではないのです。

満員電車の中で「うるさい!」と叫ぶ人のことを前述しました。その人は、「社会」の空間なのに「世間」の言葉を使ったのです。

が、「やる気あるのか!」と叫ぶ上司の場合は、もう少し複雑です。

上司は、部下と自分は共通の価値観、つまり「世間」に生きていると考え、一方、部下だけは「壊れた世間」に生きていると考えているのです。

それが証拠に、「やる気あるのか!」と叫ばれた時、部下は「ああ、上司は僕のことを全て分かってるんだ。3社目でトラブッて時間がかかったことも、それでも必死で頑張《がんば》れば、あと1、2社は回れたことを分かって怒ってるんだ。僕は甘かったんだ」とは考えません。

それどころか「なんでいきなり怒鳴られないといけないいんだよ。あんたは俺の何を知ってるんだよ。こっちだって必死でやってるんだよ。どんな事情があったか分からないでよく怒鳴れるな」と思うでしょう。

僕はこの本の冒頭からずっと「世間」と「社会」の2つの空間と言っていますが、じつは、「世間」が強く残っている世界は本当に少ないと思っています。

昭和の時代、上司と部下が毎晩飲むことが当たり前だった時代は、濃密な「世間」がありました。毎日、飲み屋でとことん情報を交換し、お互いの考え方や性格を熟知《じゅくち》している関係だと、いきなり「やる気あるのか！」と叫べるのです。

けれど、上司が飲みに誘っても、若手社員が、普通に「用事あるんで失礼します」と帰る時代になりました。「何も言わないでも通じる関係」を目指すことは不可能な時代に入ったのです。

人間関係が濃いと思われている演劇の世界でも同じです。僕が30年前に劇団を作った時は、なにかあると飲み会を開き、朝までとことん話し合いました。始発で帰るのが当たり前だったのです。

5年前、平均年齢21・7歳の若者達と一緒に劇団を作った時、本当に飲まなくなったと感じました。メンバーがそもそも飲み会を求めないのです。たまの飲み会でも、当然のように終電で帰る若者を見ながら、「演劇に集まる若者もこうなったんだなあ」としみじみしました。それを嘆《なげ》いてもしょうがありません。そういう時代になったのです。

若者達は、自分と趣味の合う人達とだけ話します。「私はコミュニケイション障害っぽいです」と冗談めかして話す若者達も、気に入った相手とは熱烈に話します。人間全てが苦手という人は少ないです。

それは、気に入った相手は「世間」であり、「世間」の相手には気を使わなくても話せるからです。そして、自分と関係のない人達を「社会」として切り捨てるのです。

コミュニケイションが苦手だと思っている人は、自分からは「社会」に住む人達には話しかけません。けれど、話しかけられれば一応話します。

「聞く」の章で、「聞き上手」になるだけでも、あなたのコミュニケイション技術は大幅にアップすると書きました。それは嘘ではないのですが、「聞く」ためには、「私はあなたの話を聞きたいです」ということを示さなければいけません。「どうぞ、気軽に話しかけて下さい」というアピールが必要なのです。そのためには、「社会」に住む人達と話さなければいけません。

「社会」に住む人に向けた「話し方」が必要なのです。

よく分からない相手には「社会」に向けた言葉で話そう

壊れてない「世間」にお互いが住んでいると思い込んでいる年上の人は、若手社員のことを知る時間がないまま、今までの「世間」で通用していた言葉を使ってしまいます。

客観的な説明を抜きにした感情的な言葉です。

「給料泥棒！」も「仕事、やめろ！」も「お前、向いてないよ」も、結論だけを伝える言葉です。それは、「終身雇用制」と「年功序列制度」が機能していて、毎晩、上司に叱られた若手を中堅の社員が慰め、上司の意図を解説してくれた時代の言葉です。

「自分で考えろ！」というのも結論だけの言葉です。本当に若手社員が自分だけで考えれば、上司があうんの呼吸で求めている結論には絶対にたどり着きません。若手社員に与える情報量が少なすぎるからです。結果、「どうして報告しなかったんだ！」

となります。昔なら、飲み屋で頻繁《ひんぱん》に「こんな感じでいいんですかね」と気楽に聞けたのです。毎晩の微妙な軌道修正《きどうしゅうせい》が、「自分で考える」ことを正解に導いたのです。

上司は若手社員が「壊れた世間」に、いえ、怒鳴ったらすぐにやめると言われている最近の若手社員なら「社会」に住む相手だと思って、話さなければいけないのです。

体罰が問題になっているのも、同じ構図だと思います。教師やコーチは、「世間」の記憶で、生徒を叩くのです。「世間」の基本は、家庭の人間関係です。それは、幼児のお尻を叩いていた記憶です。叩いても、その夜、共に食事をし、一緒に寝る関係です。

けれど、体罰を受ける生徒は、「壊れた世間」に生きていると感じているのです。叩かれることとは、「世間」の愛情とは何の関係もない暴力行為だと思うのです。

レッスンのポイント

- 「中途半端に壊れた世間」に住む場合は、「社会」に向けた話し方を基本にする。
- 「社会」に生きる人に向けて、「世間」の言葉で話したことがあるかどうか、考えてみよう。

3 「世間」の人と話す

「世間」で受け入れられるにはポジティブな感情の言葉で話す

では、どういう時に同じ「世間」に生きる相手だと思って話す必要があるのでしょうか。

「水臭《くさ》い」という言葉を言ったり言われたりしたことはありますか？　こっちはあなたが自分と同じ「世間」の一員だと思っているのに、あなたの態度には距離がある、もっと親しく話してほしい、という時の表現です。

あなたがいきなり田舎に引っ越して濃密な「世間」の一員であることを求められたり、銀行やお役所という古い「世間」が色濃く残っている職場に勤めた場合に、多く言われる言葉です。

または、飲み会で盛り上がり、「壊れた世間」が一時的に濃密な「空気」に変わる時に使われます。今まで、距離を感じていたお互いが急に親密な感覚になり、絆《きずな》とか一体感が復活した空間です。その時、自分はこの共同体に所属しているんだと強く感じます。そして、濃密な「空気」は、あなたが自分達の仲間であることを確認しようとします。

その時あなたが、その共同体の一員として生きたい・受け入れられたいと思ったら、**「社会」に対する言葉ではなく、「世間」で流通する言葉**を使うべきなのです。

大多数の政治家は、「みなさん!」と始めて、固い言葉で演説を続けます。それは「社会」に住む人達に向けた言葉です。その言葉を「水臭い」「偉《えら》そうだ」「冷たい」と感じる人達は大勢います。「あいつは仲間じゃない」と判断するのです。

「人の心を一気につかむ」とか「親しみやすい」という評判の政治家は、意識して、「世間」で流通する言葉を使っています。小泉進次郎氏は衆院選挙の全国応援演説の時、必ず、その土地の方言で挨拶を始めました。それは**「私はあなたの『世間』の一員なんです」**というアピールです。故田中角栄をはじめとして、演説で地元の方言丸出しで話し続けた人は何人もいます。それは、「私は特別な人間ではなく、あなたと同じ共同体に属する人間なんだ」という宣言です。

比較的「世間」が壊れず残っている田舎に行けば行くほど、この手法は有効です。

また都会でも、「共同体への郷愁《きょうしゅう》」として「中途半端に壊れた世間」を嘆《なげ》く傾向を持つ人が大勢います。代議士が自分の地元の言葉で話し始めれば、共感こそすれ、反感を持つ人は少ないでしょう。

また、選挙が盛り上がり、一時的に濃密な「空気」が現れ、「私達はみんな同じ仲間」というムードになれば、フレンドリーな口調や方言を多用する方法はさらに有効になるでしょう。

あなたが「世間」に生きる人達や、一時的に濃密な「空気」に生きる人達との距離を縮めたいと思った時には、客観的な情報の言葉を省き、感情の言葉を中心に語るのです。もちろん、仲間になるのですから、ネガティブな言葉ではダメです。ポジティブな感情を表す言葉だけを話すのです。

「世間」的なコミュニケイションの方法をあえて使う

職場やクラスで、「甘え上手」とか「簡単に人の心をつかむ」「人の懐《ふところ》に飛び込むのがうまい」と言われている人は、意識的にか無意識的にか「世間」のコミュニケイションの方法を使っているのです。

前述した「世間」の**5つの特徴**を思い出して下さい。

「世間」は**差別的**ですから、その「世間」でしか通用しない単語を使うことは、「水臭さ」を取り払う有効な手段です。仲間うちだけの単語、その集団だけの言い回しを意識して会話の中にいれるのです。

「この前はありがとう」「あの時は本当に助かった」「また、美味しいもの食べましょうね」と繰り返し、過去と未来を語るのは、**「共通の時間意識」**の見事な表現です。お互いが同じ時間を生きているというアピールになるのです。

何度も「教えてください」と年上に甘えるのは**「長幼の序」**です。自分が知りたいことを聞くのではありません。自分が知っていても、相手が喜ぶことを聞くのです。相手が喜ぶことが分からなければ、ただ、質問するという行為で**感情**を交換するのです。**情報**を交換する必要はありません。聞いた後、「話を聞けてホッとしてます。ありがとうございます」と付け加えると相手はさらに喜ぶでしょう。

酒の席で積極的にお酌を続けるのは**「贈与・互酬の関係」**です。

何気ない時にコーヒーを奢《おご》ったり、「ケーキが美味しそうだったから」と職場に買ってくるのも、「こんなの作ってみたんだ」と会合に持って来るのも、すべて、「贈与・互酬の関係」という「世間」の大切なルールです。

その集団の取り決めを積極的に受け入れるのは**「神秘性」**です。「今までそうやってきたんだから、まずはやってみようよ」とか「それは大切な伝統ですから尊重しましょう」という発言です。

こうやって5つの特徴に当てはまる言い方や言葉、行動を中心にすれば、あなたは**「世間」の中で大切な人になり、「世間」の人達と円滑《えんかつ》なコミュニケイションを取れるようになるでしょう。**

インテリと呼ばれる人達が、頭は賢《かしこ》いけれど、なかなか集団には馴染《なじ》まず、周りから距離を取られてしまうのは、「世間」的なコミュニケイションをどこか見下しているからです。そして、「社会」的なコミュニケイションを理想としてしまうからです。

けれど、あなたが濃密な「世間」で生きているのなら、または、濃密な「空気」が簡単に生まれる空間で生きているのなら、そして、そういう「世間」や「空気」の中でちゃんとコミュニケイションしたいと思うなら、上記の方法を実践《じっせん》する必要があるのです。

レッスンのポイント

・「世間」の人達と距離を縮めるには、「世間」の５つの特徴を利用する。

・自分のコミュニケイションの方法は、どれぐらい「世間」の特徴を利用しているか考えてみよう。

4 「社会」の人と話す

現代は「社会」に向かって話すことの方が多い

「世間」に向かって話すことと、「社会」に向かって話すことは、どっちが多いかと考えると、結果的には、「社会」に向かって話すことの方が多いんじゃないかと僕は思っています。

「世間」に住んでいると思っても、それは**「中途半端に壊れた世間」**ですから、いきなり、「社会」が顔を出すことがあるからです。

例えば、チームがとても仲がよく、濃密な「世間」のような気がしていても、反対されている企画をどうしても通す、というような時は、社会的な言葉を使わなければいけない場合が出てくるでしょう。

どんなに夜の飲み会でチーム全体で盛り上がっても、それぞれが、何を一番に優先しているかは同じではありません。売り上げを一番に考える人もいれば、休みや仕事をする楽しさ、家庭や趣味を一番にする人とバラバラなのです。

飲み会で盛り上がっている時、ほぼ全員の思いが「楽しく飲んで、お互いの絆を深めたい」ということなら、それは濃密な「世間」です。けれど、「二次会に行くぞ！」と上司が叫んだ瞬間から「もう帰りたい」「これで充分」「家族が待ってる」「とことん飲むぞ」と事情は分かれるでしょう。「世間」が薄くなった瞬間です。

その時、「つべこべ言わずに行くぞ！」と叫んで全員が同じ行動をとった時代は過去のものなのです。

お互いの目標がまったく同じなら、上司の一言で行動する方法は有効でしょう。全員、なにがなんでも売り上げが一番と考えているけれど、その達成方法が違うとか派閥があるとか嫌いな人間がいるとかの場合です。

けれど、各人の目標が仕事だったり趣味だったり家庭だったり遊びだったりとバラバラな場合は、お互いが理解できる論理で説得しないとダメなのです。それは「世間」向けのコミュニケイションではなく、**「社会」に対する言葉**なのです。

「世間」だと思っていたのにそれは「社会」だったという一番分かりやすい例は、「遺産相続」の話し合いでしょう。それまで、家族・兄弟と思っていたのに、突然、社会的な言葉で話し合わなければいけなくなるケースです。

遺産相続が揉《も》めがちなのは、相手が「世間」に住む人だからと思って、思わず「世間」の言葉を使ってしまうからです。

「世間」の言葉とは論理ではなく感情の言葉です。こじれるとすぐに罵《のの》り合いになる言葉です。電車の中の「うるさい！」と同じレベルの言葉なのです。

遺産相続で揉めている時は、相手は兄弟であっても同じ価値観を持つ「世間」の人ではありません。相手は、自分と利害が対立し、結果次第では、二度と会うことがないかもしれない「社会」に住む人なのです。円満に解決すれば、もちろん、「世間」の人として関係は復活します。けれど、深刻に対立すれば、「社会」の言葉を駆使するしかないのです。

「世間」がどんどん壊れ続けていて、そのことに反発し、だからこそ、「世間」を復活させようとする人達ももちろんいます。

少し前、ある政党の人達が「日本伝統の子育てを復活させよう」とぶち上げたことがありました。その言葉はネット上では一定の支持を集めましたが、じつに不思議な言葉でした。

江戸時代の農民の伝統なら、子供は幼い頃から労働に駆り出されました。労働できない小さな子供の面倒は兄や姉がみました。それが日本の子育ての伝統です。裕福な武家なら、母親は子育てを乳母に全面的に任せました。何をもって伝統とするのか、いつの伝統なのか、正体不明です。

おそらく、言い出した人は「母親は家庭にいるもの」「共働きなんてもってのほか」という考えなのだと思いますが、それは「日本伝統」の習慣ではありません。明治以降、日本の歴史の中ではじつに短い時間、行われていた習慣にすぎません。

価値観がバラバラになればなるほど、それに耐えられない人達が、「分かりやすい世間」を求めます。けれど、それは空想の世界、ファンタジーです。

昔は良かったというのは、ファンタジーの定番です。人情が厚く、人々がお互い助け合ったと言われる昭和の時代、映画『ＡＬＷＡＹＳ 三丁目の夕日』の舞台となった東京タワーが完成した昭和33年は、戦後、殺人事件数が一番多かった年です。

「社会」の言葉を全部捨てて、思わず「世間」の言葉を叫びたくなる気持ちは分かります。分かりますが、それでは何も伝わらないのです。コミュニケイションではなく、ただの発散なのです。

中途半端に世間が壊れた現代では、結果的に「社会」向けのコミュニケイションの言葉を使うことが多いと僕は考えるのです。

レッスンのポイント

・「世間」の場でも、対立した時や説得したい場合には、「社会」の言葉を使おう。
・「社会」の言葉が求められた時に、「世間」の言葉を使ったことがなかったか、考えてみよう。

5 「社会」の言葉

「世間」と「社会」では理想の話し方が違う

大学を出たばかりの男性に相談されたことがあります。

「僕の話し方がだらしないって言われたんですよ。滑舌《かつぜつ》っていうんですか、言葉が甘《あま》噛《が》みしてて、ハキハキしないって。そんなこと言われたことなかったから驚いてるんです。どうしたらいいですか？」

若い男性は困惑した顔をしていました。俳優志望だけではなく、人前で話す仕事についた若者でも、同じような疑問にぶつかる人は多いです。

それは、**「世間」と「社会」では、言葉に求められる明瞭《めいりょう》さが違う**からです。

言葉を明瞭に話すためには、つまり滑舌よく話すには技術と訓練、集中力が必要になります。いちいち、気にしているのは面倒で大変です。

けれど、家族や仲間内で話す時は、言葉が甘くなっても誰も「滑舌、甘いよ」とは注意しません。音があいまいになって、子音《しいん》がぼやけても、「世間」では話が通じます。あいまいな言葉をくみ取って会話してくれるのが、「世間」なのです。

一番、典型的なのは、深夜、コンビニの前にたむろする若者の言い方でしょうか。

口がだらしなく開き、「ったりーな。んか、おおしれーこと、あいんかよ」と、子音が溶けて母音《ぼいん》が前に出てくる言葉です（コントのようですが、本当にこんな風に話す若者はいます。実際に聞いてびっくりしたことがあります）。

こういうしゃべり方は、口をはっきりと動かさなくていいので楽です。問題がなければ、つまりそれですむなら、人は間違いなく楽な方向に流れるのです。

音が明確で、言葉が明瞭に響く一番分かりやすい例は、ＮＨＫのアナウンサーの話し方です。子音がシャープで、言葉のひとつひとつが際立っています。滑舌といわれる、言葉の発音が明確ではっきりしています。それは、ニュースという「社会」に向けた言葉で、大切な数字や重要な情報を伝えるためです。言葉が甘くなっては、ニュースを聞く人が混乱するからです。

話す時に技術と訓練、集中力が必要な話し方です。

あえて言っておきますが、ＮＨＫのアナウンサーの話し方が、「世間」と「社会」

を通じて、全ての話題の理想的な話し方ではありません。
バラエティー番組は、つかのまに出現する「世間」、つまり特定の「空気」に満ちた空間です。**仲間であること、一緒に楽しめること、同じものを見て笑うことが求められます。**

そういう場所では、滑舌のよすぎる、明瞭すぎる発音の言葉は不似合いなのです。NHKのアナウンサーがバラエティーで不自然な感じになるのは、ニュースを読む時と同じ声で盛り上がろうとするからです。

そういう空間で、明確すぎる言葉を話していると、「固い」とか「他人行儀《たにんぎょうぎ》」とか「冷たい雰囲気」と言われるのです。

「社会」で大切なのは情報交換である

僕に相談に来た若者は、生まれて初めて「社会」に向けて話し始めたのです。そんなバカなと思うかもしれませんが、そういうことは普通にあります。

就職活動の面接では、なんとか、丸暗記した言葉で切り抜けることができても、就職して、丸一日、営業トークを続けなければならなくなった時、自分の発音が「世間」向けだったということに直面したのです。

そういう若者は「今まで、誰も僕の言葉がぼやけてるなんて言った人はいなかったんですよ」と憤慨《ふんがい》した顔で語ります。それは当然というものです。親しい友達同士や家族という濃密な「世間」では、明瞭に語る必要がないのです。そこでの会話は情報を交換しているのではなく、感情を交換しているのですから。

「世間話」という言い方があります。「いい天気ですね」「ほんとうに」とか「お出かけですか?」「ええ。ちょっとそこまで」とかの会話です。

こういう会話は、情報を交換することが目的ではありません。こういう「世間話」は**感情を交換すること**が目的なのです。

「私とあなたは同じ『世間』に生活していて、お互い、きわめて友好な関係を続けている」という感情を確認する言葉なのです。

一方、「社会」での会話は違います。「社会」では、まず大切なのは「**情報交換**」なのです。何時にどこに誰と行かなければいけないのか。何が大切なのか。情報が一番です。それが行き過ぎると「**感情交換**」が忘れさられると、この本の前半に書きました。

「世間」で話す時、その目的は、感情交換が一番、情報交換が二番です。

飲み会で、濃密な「空気」が現れて、「中途半端に壊れた世間」の代わりをする時、人は「共同体」に所属しているという郷愁と安らぎを感じます。その時の会話の目的は、感情交換だということです。そこで、正確な情報を交換するのは二の次なのです。「社会」で話す時は情報交換が一番で、感情交換が二番になります。仕事の指示やニュースの言葉は、まず、情報を交換することなのです。

「社会」に向かって話す

「社会」に生きる人とのコミュニケイションが上達するためには、自分と相手の立場を客観的に見る必要があります。相手は自分について何を知っていて、何を知ってないのか、を常に考える必要があるのです。

その意味では「社会」に生きる人に話すのは、「世間」に向かって話すより、難しいと感じる人が多いでしょう。

「聞く」の時にちらりと書きましたが、自分の印象と感想だけを話す人がいます。

「すごいおかしかったんだよね。洋子が転んでさ。あの子、おっちょこちょいでしょう」と言って大笑いすれば、話している本人は楽しいですが、聞いている方はまったく訳が分かりません。どういう状況で、何が起こったのか、という情報を過不足なく伝えないと、「話す」ことにはならないのです。

家族なら「洋子がさ、また、やったんだよ。転んだんだけどさ、もう、ムチャクチャで」というだけで、楽しく笑い合うことができます。「洋子」が共通の知り合いで、どんな人物で、今までどんなことがあったかを知っているからです。

他人の家のホームパーティーに招かれて、その家族が自分達の過去を語っている時、「世間」に向けた言葉を実感します。情報がまったく知らされてないので、ただ、微笑むことしかできないのです。

「あの時、パパ、財布忘れたのよね」「もうそれは言うなよ」「ダメよ。それでママも私もみんな恥ずかしかったんだから」

家族の会話はそれでいいのです。その時、客観的に描写しようとしたら、「水臭《くさ》い」状態になります。けれど招かれたゲストは何がなんだか分からないのです。

名優森繁久彌《もりしげひさや》さんのエピソードですが、昔、大きな楽屋に出演者が集まっていた時のことです。若手俳優が数人の仲間に向かって「昨日、すっげえ面白いことがあってさ。それがもう、ぶっとんでんだけどよ。マリっているじゃん。知ってる?」とひとしきり話をした時に、森繁さんがすーっと近づいてきて、「ちょっといいですか?」と微笑みました。

若手俳優は森繁さんに声をかけてもらったということで緊張と共に感激していたら、森繁さんは、「今の話、前半のマリについての描写は余計ですね。事件の核心に入るまでが長いです。あなたの住んでいるマンションの描写が足りませんね。あと、隣人《りんじん》の普段の状態をちょっとだけ入れると、想像しやすくなってよけいおかしくなります」

と、アドバイスしました。話していた若手俳優は「は、はい!」と戸惑いながら答えると、森繁さんは、「じゃあ、もう一度、初めから。どうぞ」とにっこり微笑んだそうです。

大きな楽屋に集められた俳優仲間は「中途半端に壊れた世間」です。マリを初めとする話の登場人物を全員知ってるはずがないのです。そこでは、適切に情報を伝えることが大切なのです。

自分の話を周りが面白がってくれない場合

「どうも自分は、話がうまくない、だって、自分の話を周りは面白がってくれない」という場合、「聞く」の項で書いたように「話の内容自体が面白くない」のか「話し方が面白くない」のか、2つの理由があります。

「話の内容が面白くない」場合の対処法は簡単です。

面白い体験をしてみるのです。

面白い体験はどこにあるか？　テレビとパソコンの前から離れて、家を出るのです。

テレビとネットが教えてくれた情報だけを語る人は山ほどいます。みんな同じ番組、同じポータルサイトを見てますから、同じような話です。ライブもスポーツもニュースもドラマも、全部、テレビとネットを通じた情報だけです。それでは他の人と比べて面白い話になるはずがないのです。

けれど、例えばテレビが紹介しているライブに実際に出かけて行ったら、あなただけの独自の感想が生まれるはずです。テレビやネットが紹介してない情報に気付くはずです。テレビやネットからこぼれた何かを感じるはずです。感じない場合は、そのライブはつまらなかったのです。落ち込まず、とっとと次に行きましょう。

山に登ってもいいし、旅行に行くのもいいし、ライブや舞台、スポーツを見にいくのも、するのもいいでしょう。そこでは、きっと、ひとつは面白いことが起こるはずです。起こらなければ、次に行くのです。

ただし、大ヒットした映画やベストセラー小説、話題の観光地、スポーツのビッグイベントなど、多くの人が見たり、読んだりしている可能性があるものは、あなただけの独自の視点を出して、面白く語るのは、かなりの技術が必要になります。

けれど、誰も知らないようなマイナーな、だけどそこそこ面白い映画・舞台・スポーツ・ライブ・小説・マンガ・自然、なんてのは話題自体が珍しいので、話し方が多少下手でもまずは人を引きつけられるのです。

情報の渡し方を訓練する

内容が面白いと自信を持って感じるのに、周りがあなたの話に注目してくれない場合、それは**「話し方がつまらない」**ということになります。

その場合、聞き上手な人に質問されながら話せば、なんとか聞いてもらえる水準になるということはあります（実際、講演会などで、話し下手な人は自分ではしどろもどろになって話が成立しないけれど、有能なインタビュアーがいると気持ちよく話せる、という場合があります）。そういう人がいない場合は、自分でなんとかしなければいけません。

まず考えられるのは、前述した「情報をちゃんと伝えてない」という理由です。いきなり、自分の印象や面白いと感じた部分だけを話しているのです。

焦ってはいけません。頭の中には、複数の情報と感情が同時に浮かびますが、話す時は順番をつけなければいけません。口はひとつしかないので、**情報を一列に並べなければダメなのです**。これが、「社会」に向かって話す時の一番、苦しいことです。

感情が高ぶっているのに、情報に順番をつけて、大人しく並ばせて、順番に前から話していくのです。本当は、あれもこれも同時に一杯話したいのに。

けれど、「社会」に向かって「話す」とはそういうことです。

並べる情報の順番は、**全体から細部**です。映画は、基本的にはまず、一番広い風景から映します。街並みの風景が映って、次に一軒のレストランが映って、最後に厨房《ちゅうぼう》で働く主人公が映ります。どんな街なのか、どんなレストランなのか、そこを説明しないと主人公の状況が理解されないからです。
でも、主人公に感情移入してしまうと、いきなり、主人公の細かな特徴《とくちょう》から話したくなるものです。でも、ぐっと我慢して、全体から話すのです。

何度も何度も、「相手の知らない情報を伝える」という訓練を続けていけば、だんだんと、過不足なく相手に話せるようになります。「そんなことは分かってる」と言われたり、「全然、状況が読めない」と言われたりしながら、適切な情報の渡し方を身につけていくのです。

これも、技術ですから訓練です。
話の上手い人の**「情報の渡し方」**を参考にして下さい。

「世間」で受け入れられる話し方は、感情を渡すことと書きましたが、「世間」に生きるお互いが新しい話題を話す時には、やはり、情報を上手く渡す手腕が求められます。
「あの人の話は分かりやすい」「あの人の話はすとんと腑《ふ》に落ちる」というのは、「社会」でも「世間」でも求められていることなのです。

情報をちゃんと渡しているのに、まだ話がつまらないと言われたとしたら、それは、「話し方」が下手なのです。「話し方」の技術の話をしましょう。

レッスンのポイント

・今の自分の発音は「世間」向きか「社会」向きか考えてみよう。
・話の上手い人の「情報の渡し方」を観察しよう。
・体験したエピソードを、「森全体」「一本の木」「一枚の葉」のように、大↓小へと移りながら、話してみよう。

6　「話す」技術

声の種類を使い分ける

まず、**声の5つの要素、「大きさ」「高さ」「速さ」「間《ま》」「声色《こわいろ》」**に気をつけて話してみて下さい。

あなたの周りには、「ただ声が大きいというだけで飲み会で嫌われている人」はいませんか？　僕が講演会やワークショップでこう言うと、必ずクスクスと笑う人がいます。心当たりがある人です。たいてい、声がでかいだけで嫌われている人は中年のおじさんで、おじさんは「また、気がつくと飲み席の両隣に誰もいなくなってる。私の話の何が悪いんだろう」と悩んでいますが、周りは「あの人、とにかく声がでかいから嫌なんだよなあ」と思っているのです。

普段、自分は何種類の声の**大きさ**を使い分けているか。内容によって適切に使い分けているのか、ということを考えてみて下さい。

平均的には、3種類の大きさしか持ってない人が多いです。「独《ひと》り言《ごと》」「あなたと話す」「みんなと話す」の3つです。それだけでは、表現として充分ではないでしょう。

声の**高さ**はどうですか？　普通の人は、これも3種類しかありません。「建前《たてまえ》の高さ」「日常の高さ」「本音《ほんね》の高さ」です。

建前は家の固定電話でお母さんが答える高い声です——「はい、鈴木でございます」。

日常は少し低くなります——「あら、お父さん。何？　残業？」。

本音は一番低いです——「嘘《うそ》。知ってるのよ。あの女の所でしょ」。

この3つです。あなたは普段、何種類の声の高さを内容によって使い分けていますか？　それは効果的に働いていますか？

「速さ」は、だいたいみんな1種類しかありません。早口な人は何を話しても速いです。ゆっくり話す人はどんな話題でも遅いです。「ここから速度を変えて、聞いている人の注意を引こう」と思っている人は本当に少ないです。

「速さ」と**「間」**を分けたのは、早口な人はオートマチックに間が短くなりがちで、ゆっくりしゃべる人はオートマチックに間が長くなりがちだからです。でも、「言葉は速いけど間は長い」とか「言葉は遅いけど間は短い」という表現を使ってみたらどうだろう、ということです。

「**声色**」はもう、1種類しかほとんどの人は使っていません。生まれながらに無意識に選んだひとつです。なんてもったいないんでしょう。世の中には何万種類の声色があるというのに、です。（具体的に書き始めると長くなってしまうので、もっと詳しく知りたいと思った人は、拙著『あなたの魅力を演出するちょっとしたヒント』（講談社文庫）を参照して下さい。参考書籍をたくさん挙げて申し訳ないです。『発声と身体のレッスン』は、ちゃんとした体と声になるための本です。『あなたの魅力を演出するちょっとしたヒント』は、表現の達人《たつじん》になるための本です。コミュニケイションの達人になるためには、幅広い分野を知っておく方が有利なのです。参考書籍は『空気』と『世間』を入れた計3冊で全部です。もうありません。もちろん、参考書籍を読まなくても分かるように書いています）。

声の要素がバラエティーに富むと表情も感情も豊かになる

つまらない話し方は、この5つの要素が単調で変化しません。大きさはずっと同じ、高さもずっと同じ、速さも同じ、間の長さも同じ、そして声色も同じ。じつに単調な話し方です。

逆に、「あの人の話は内容はそんなに面白くないと思うんだけど、なんか、聞いてしまうんだよなあ」とか「あの人の話は、後から思い出すと大したことないのに、その時は引きこまれるんだよね」という人の話し方は、この5つの要素が変化に富んでいるのです。間が絶妙に上手いとか、声色が多様だとか、大きさが変化する結果、飽きないのです。

5つの要素がバラエティー豊かになると、結果、あなたの話し方は、変化に富んで、目が離せないものになるのです。そして、声の要素がバラエティーに富み始めると、顔の表情も豊かになり、感情も起伏《きふく》に富むようになるのです。

同じ企画の説明でも、ただ情報を伝えるだけではなく、感情やイメージが伝わりやすくなるのです。成功した時のイメージ、運営している時のワクワク感など情報を豊かにする感情やイメージが伝わるのです。前述した「ムチャクチャ語」でも、ちゃんと伝わる人は、この声の5つの要素が豊かな人なのです。

相手に伝わる声の出し方とは

相手にちゃんと届いているというイメージです(図7)。

声のベクトルを意識することも大切です。ベクトルとは**方向**と**幅**のことです。**自分の声がいま、どの方向に、どの幅で伝わっているのか、というイメージを持つのです。**

相手まで届かず、手前で声が落ちている人もいます(図8)。これは、他の人を見ているとよく分かります。全員に言わないといけないのに、届いてない人もいます(図9)。両端を取りこぼしている人もいます(図10)。

毎日、話す時に、自分の声はどの方向にどの範囲で届いているのかを意識するだけで、声のベクトルをうまくコントロールできるようになります。そして、届けたい相手にちゃんと渡せるようになるのです。もちろん、それで相手が納得するかどうかは別です。でも、まずは声をちゃんと届けないと何も始まらないのです。

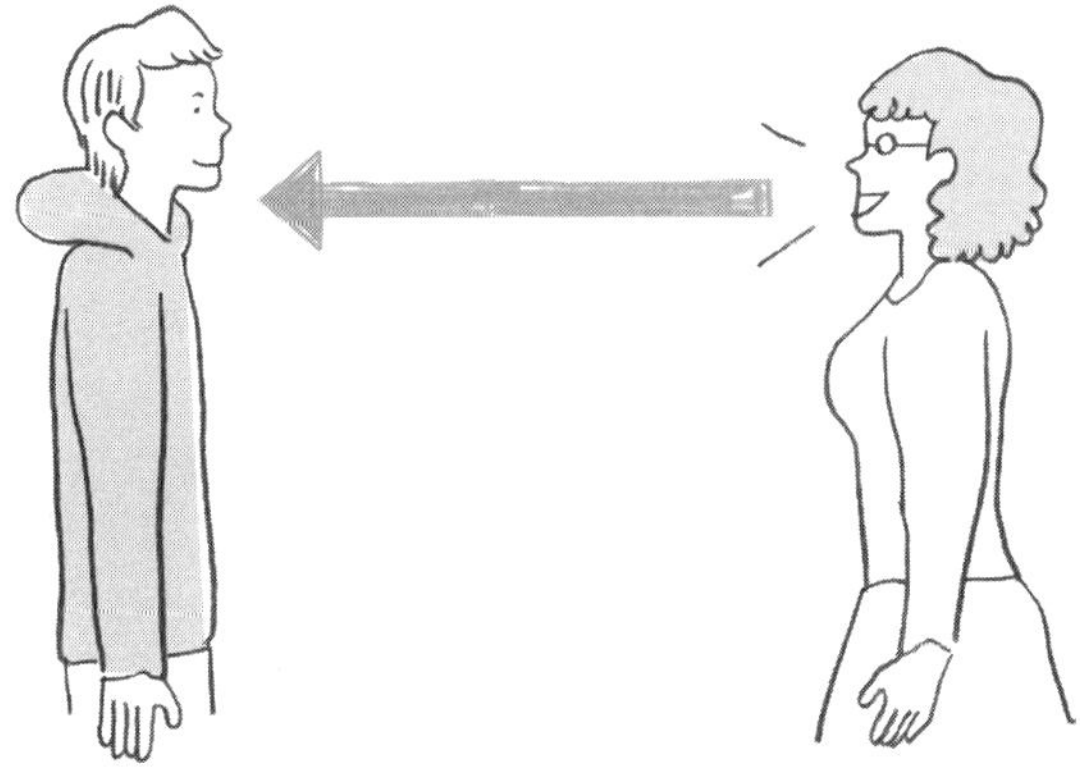

図7　相手に伝わる

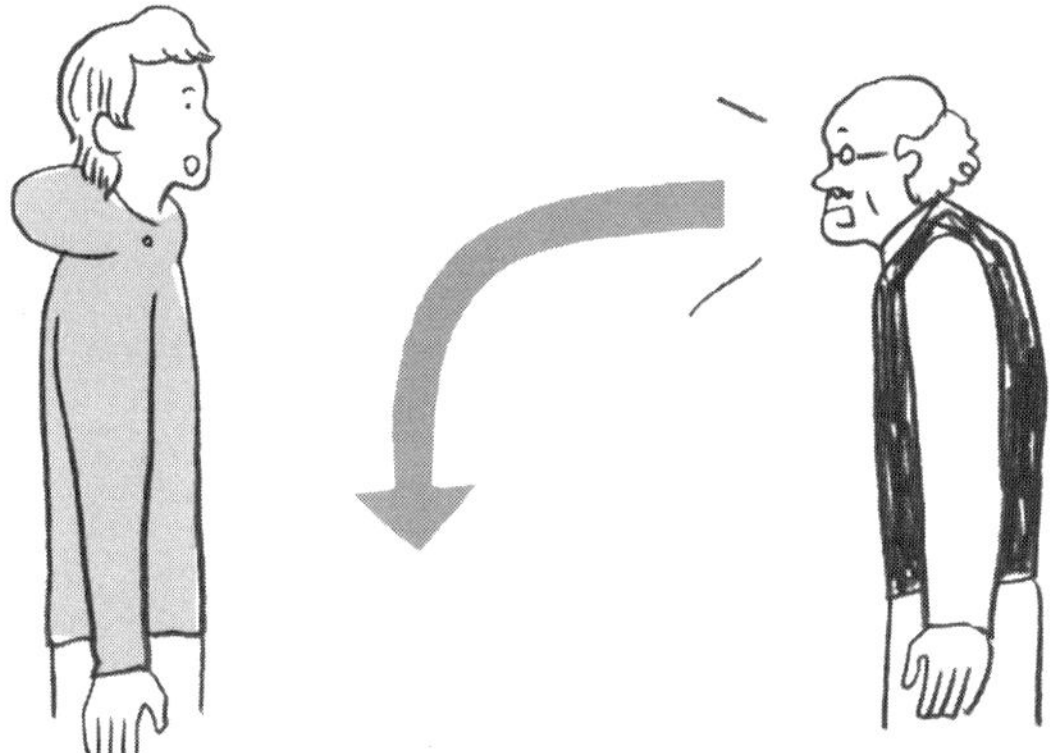

図8　落ちている人

図９　後ろまで届いてない人

図10　両端を落している人

がんばって明るく話そう、でも無理はしない

「聞く」時と同じように、常に「元気で明るく」話す必要はありません。「がんばる」ことと「無理をする」ことの違いを書きましたが、話す時は、もうひとつ違いがあります。

話し出しは明るい方がいいでしょう。あなたが少しがんばって明るく話し始めると、相手も「なんだろう?」という気持ちで聞く身体になってくれます。それを感じて、あなたもどんどん話す身体になります。やがて、楽にがんばれるようになります。これがノってきた、ということです。

もし、あなたががんばりを越えて、無理して明るく話し始めた場合は、相手もあなたの無理を感じて、乗ってきません。結果、あなたはますます乗らなくなります。しばらく話しても、明るく話すことの苦痛だけを感じたら、その「元気で明るい」状態は、無理しすぎているということです。すぐに、元気さと明るさを減らして下さい。

そうしないと、一人になった時、深い溜め息と共に苦《にが》い後悔《こうかい》を経験することになります。

レッスンのポイント

・声の5つの要素＝「大きさ」「高さ」「速さ」「間」「声色」を楽しむ。
・声の要素がバラエティーに富むと感情やイメージが伝わりやすくなる。
・声のベクトルを常に意識する。
・自分は、普段、どれぐらい声の5つの要素とベクトルを意識しているか、考えてみよう。

7 人前で「話す」技術

「感じること」と「考えること」を両立させる

「社会」に向かって話すという一番分かりやすい例は、会議や大勢の人前でしょう。あなたが人前で話すことにまったく慣れてないのなら、話す文章を全部、事前に用意すべきです。ただし、それを丸々読むのは避《さ》けた方がいいと思います。私達は、卒業式や入学式の「偉《えら》い人の祝辞《しゅくじ》」で痛い目にあっています。彼らは、みんな、自分の書いてきた紙をじっと見つめながら、ただ読んでいました。

たぶん、内容はいいことを言っているはずなのに、何もこっちに伝わってこない言葉たち。それは、私達に話しかけているのではなく、「独《ひと》り言」を続けていたからです。

人前で「話す」とは、**「感じること」と「考えること」を両立させること**です。

大勢の前になればなるほど、この2つをちゃんと両立させることが必要なのです。

卒業式で、生徒の方を全く見ないまま、事前に書いてきた文章をじっと凝視《ぎょうし》しながら読むのは「考えること」だけを実行しているのです。読み間違えしないように、滑舌《かつぜつ》よく読もうと冷静に考えているのです。聞いている生徒が退屈しているとか、もっとその話をして欲しいと思っているとか、次の話題に早く移って欲しいと思っているとか、そんなことを一切、感じないまま、ただ、考えているのです。

デパートの商品説明とか観光地のガイドさんとか「あ、この人、丸暗記した文章をただ言ってるだけだな」と感じる時があります。それは、「考えている」だけで、「感じること」をしてないのです。毎日、何回何十回と同じことをしゃべらないといけないから、感性の方が磨耗《まもう》しているのでしょう。同情はしますが、それでは、話すプロではないでしょう。

聴衆のリアクションをリアルに感じながら

私達は、数人を相手に話す時でも、「あ、今、みんな退屈しているな」とか「おっ、乗ってきたな」とか「もう終わった方がいいかな」と感じることができます。

それは、会議でも講演会でも結婚式のスピーチでも同じです。人間は、人間の状態を感じることができるのです。

そしてリアルに感じることによって、微妙《びみょう》に話す速度を変えたり、声の高さや大きさや声色を変えたり、内容を繰り返したり、はしょったりできるのです。その結果、話にリズムが出て、聴衆はさらに熱心に聞くようになるのです。

事前に書いた文章をただ自動的に読むだけでは「感じること」はできないのです。卒業式に来た偉い人のように、一度も聴衆を見ることなく、**「感じること」**をシャットアウトして、ただ**「考えること」**だけを続けてしまうのです。

ですから、本当は、全部の文章を書くのではなく、メモにしておくのがいいのです。大切な言葉や言わなければいけない内容を順番にメモしておけば、その場でリアルに聴衆の反応を感じられるので、話し方や話す内容を微妙に修正できるからです。

ただし、「不得意な内容」は、全文を書いた方がいいでしょう。

人によって、「不得意な内容」はさまざまです。僕は講演会や会議はすべてメモで対応しますが、弔辞《ちょうじ》だけは無理でした。葬式の時の言葉や（極端な例だと）政治家の就任演説《しゅうにんえんぜつ》は自由度がきわめて低い言葉です。

会議の時、よく分からなくなったら、堂々と「ちょっと待って下さい。緊張して、こんがらがってきました。待って下さい」と言えばいいのです。そうした方が後々、混乱が少ないのです。講演会でも言えます。その時は、評価を下げるかもしれませんが、結果として素敵なスピーチができればいいのです。

けれど、弔辞や就任演説は、この手が使えません。よっぽど、内容に自信がないと、メモだけでは難しいだろうと思います。けれど、話の達人はもちろんいて、マンガ家の赤塚不二夫《あかつかふじお》さんへの弔辞を白紙の紙を見ながら読んだタモリさんや、横山ノックさんへの弔辞をメモもないまま語った上岡龍太郎《かみおかりゅうたろう》さんは、感動的な言葉を捧《ささ》げています。YouTubeで見ることができます。


どうしても自信がなければ、話す内容を全部書くのもいいと思います。そうすることで、自分は何が言いたいのかを確認することができます。その時点で慣れれば、書いた文章を捨てて、メモにすることもできます。一度、話すことを書いたので、何をしゃべればいいか、明確になっているからです。

それがまだ不安だと言う人は、文章を丸々、読みます。ただし、うまく読もうとして過剰《かじょう》に「考えること」に集中しすぎないように、事前によく練習して下さい。大きな声で練習すればするだけ、あなたは楽になるはずです。

黙読やささやき声での練習はあまり意味がありません。本番と同じ声を出して練習しないと、あなたの身体はその言葉に慣れないのです。アパートが狭くて大きな声が出せない場合は、夜の公園、河川敷、ガード下、カラオケボックスなんて場所がお勧めです。

本番では、文章を読みながら、聞いている人達を何度もちらちらと見て下さい。そうすることで、聴衆のリアクションを自然に感じることができるようになります。

また、読みながら、だんだんと落ち着いてきたら、その文章から離れて、その場で思ったことを足したり、文章を変えたりして下さい。それが魅力的な話に効果的なのです。

レッスンのポイント

・聴衆の反応をリアルに感じながら、話し方や話す内容を微妙に修正しよう。
・自信がなければ話す内容を全部書いて、事前に大きな声で読む練習をしよう。

8　「話す」身体

あなたがリラックスすれば、言葉は相手に届きやすくなる

「社会」に向かって「話す」理想的な身体は、理想的な「聞く」身体と同じです。

また、「世間」でも、これはという大切なことを話す時は、「社会」に向かって「話す」理想的な身体と同じになります。

「聞く」身体から「話す」身体への移行は、相手が話している時はじっとしていて、自分が話す時に動くのが基本です。「聞く」時と同じように、身体の重心を下げて、身体を開き、丹田を話す相手に向けて、全身をゆるめます。

こうすることで、あなたはリラックスし、そのリラックスは相手に伝わり、相手の身体と精神はゆるむのです。そうして、あなたの言葉は相手に届きやすくなるのです。

リラックスするために、**「声を低く始める」**というテクニックがあります。

緊張したら身体の重心が上がるように、緊張すると声が高くなります。落ち着いた

時、本音をしゃべる時、声は低くなります。

身体の重心で使った同じテクニックをここでも使うのです。つまり、ここ一番大切なことを話す（面接やプレゼンや大事な人と会う）時に、強引に声を低くして始めるのです。そうすると、低い声はリラックスしている時の身体の状態ですから、あなたの身体もリラックスしようとするのです。

俗に言われる「お腹《なか》から声を出す」というのは、声を丹田で支えている状態ということです。本当に大切なことを落ち着いた状態で話す時、声は自動的にお腹（丹田）で支えられます。それは、低く野太い声です。

どうしても声が上ずってしまう人は、普段から丹田を意識した「発声練習」をするのがいいでしょう。お腹（丹田）で支えているという自覚を持って声を出すのです。

丹田を実感する方法として、「身体をちょっとだけ危機に陥《おとしい》れる」というやり方があります。

錬肉工房《れんにくこうぼう》の岡本章《おかもとあきら》さんに教えてもらった方法ですが、前傾になって、前に倒れるというやり方があります。

倒れる瞬間に、下半身がキューッとなったら、そこが丹田の場所です（図11）。

ジェットコースターに乗って振り回された時に、下腹部の辺りがキューッとなるの

図11　前に倒れる

は、丹田、つまりチャクラが発動した証《あかし》です。デコボコ道で車がバウンドした瞬間にも下腹部がキューッとなります。そこが丹田です。

発声練習では、そこを実感しながら声を出します。それが楽にできるようになると、あなたはここ一番、大切なことを言わなければいけない時、丹田を意識するだけで声が上ずることなく出せるようになるのです。

話す直前、身体の重心を下げる方法があります。合気道の人に教えてもらった方法なのですが、なかなか有効な方法です（図12）。

鼻から息を吸いながら、ゆっくりと手のひらを上にして両手を頭の上に上げていき

図12　重心を下げる

ます。手のひらで大気のエネルギーを集めている、というイメージを持って下さい（イメージですからね。怪しげな宗教ではないです）。

そして、口からゆっくり吐きながら、集めたエネルギーを丹田に押し込めるイメージで、手のひらを下にして、手を下ろしていきます。

これを、自分のペースでゆっくりと何度も繰り返します。そうすると、焦《あせ》って舞い上がっていた身体の重心が下がって、気持ちも落ち着くのです。

プレゼンや講演、面接の直前、誰もいない廊下《ろうか》や会議室やトイレの中で（ちょっと窮屈《きゅうくつ》ですが）やってみて下さい。ずいぶん、落ち着くはずです。

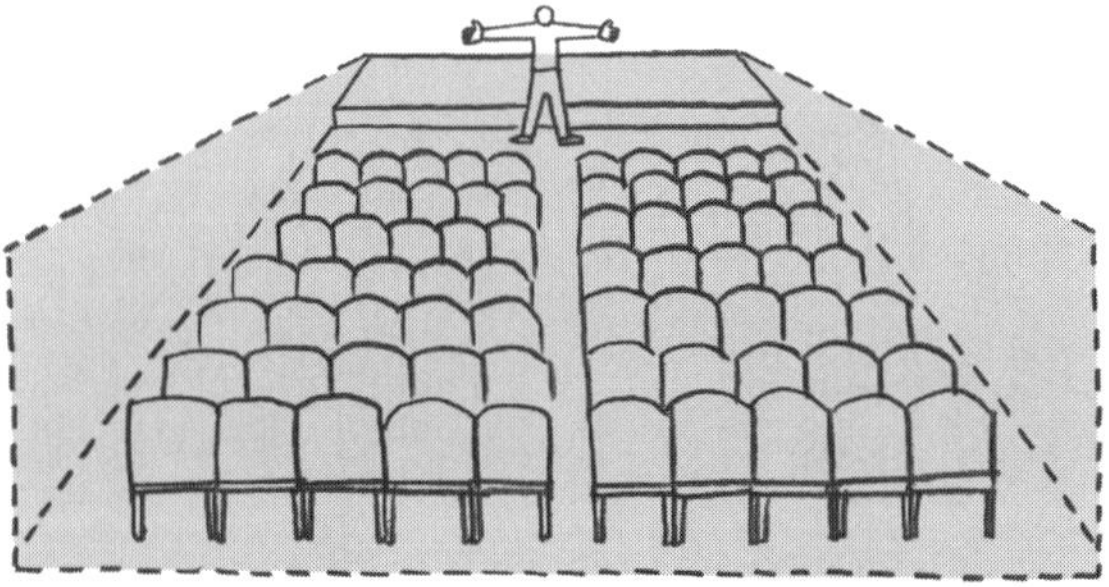

図13　全体をイメージする

その空間にふさわしい身体になろう

さて、身体をゆるめて、楽に開けば、5人程度の会議室と300人のレセプションホールでの立ち姿が変わってきます。

元気すぎる人は、5人しかいない会議室も300人のホールでも、同じようなエネルギーに溢《あふ》れた身体になります。けれど、それは、空間と対話していない身体なのです。

逆に50人の会議室なのに、5人程度の会議室の身体で乗り切ろうとする人もいます。声は後ろまで届かず、手前で落ちていくでしょう。

落ち着けば、人間の身体は自動的にその

空間にふさわしい身体になります。南の島のビーチに立つ身体と、小さな会議室でじっとしている時の身体は自動的に変わるのです。

大きな会場になればなるほど、事前にリハーサルとしてステージの上に立って、ゆっくりと深呼吸して下さい。

そして、一番手前、前列の聴衆の右端と左端までを意識して下さい（実際にはリハーサルですから聴衆はいません。椅子を見て、聴衆が座っているとイメージするのです）。

続いて、一番後ろ、最後列の右端と左端の席に座る聴衆を意識します。そして、一気にその全体を深呼吸と共に身体に入れるイメージを持つのです。

堂々と、両手を広げて、ゆっくりと深呼吸しながら、会場全体が身体に入っていくイメージを楽しんで下さい（図13）。

レッスンのポイント
・緊張した時は声を低くしてみよう。
・いろんな方法で丹田を感じてみよう。
・身体を開いて、空間を受け入れてみよう。

9 「話す」内容

落ち着こうと思えば思うほど、舞い上がる

うまくやろうとか失敗しないようにしようと考えるのではなく、話す内容に集中して下さい。

新規事業のプレゼンなら、その仕事が実現した時の状況を想像します。具体的に、顧客《こきゃく》がどう反応し、売り上げがどうなるかを想像しながら話すのです。

結婚式のスピーチなら、「良雄君と僕は高校の同級生で、野球部でした」と語る時、うまく言おうとか受けを狙《ねら》おうとか思うのではなく、「高校の様子」「野球部の練習風景」を思い出しながら話すのです。それも、なるべく具体的に詳《くわ》しく思い出すのです。暑かった日の練習の時は、具体的にどこが汗で一番濡《ぬ》れたかとか、どこが一番日焼けしてひりひりしたかとか、匂いや風やその時に聞こえていた声を思い出し、思い出せなければ想像しながら話すのです。

こうすることには理由があります。人間は舞《ま》い上がります。「うまくやろう」と考えないようにしようと思えば思うほど「うまくやらなければ」と思ってしまいます。

それはつまり、「自意識《じいしき》」ということなのですが、「自意識」は無視しようとすればするほど大きくなるというやっかいな特徴《とくちょう》があります。落ち着こうと思えば思うほど、楽にやろうと思えば思うほど、忘れようと思えば思うほど、「自意識」は大きくなるのです、この野郎。

こういう時、「自意識」のことを忘れようとするのではなく、積極的に他のことを考えるのです。他のこととは、今話していることの具体的なディティール（細部）です。

「良雄はすごく恥ずかしそうに好きな人ができたんだと僕に言ったんです」と語る時、その時の良雄の顔を具体的にまざまざと思い出すのです。良雄が着ていた服、その時の居酒屋の内装、料理、匂い。

人間の思考能力には限界があります。無限ではありません。具体的なことを思い出し、想像することで、どんどん**「自意識」に回すエネルギーと脳の容量が減っていくのです。**つまり、「自意識」もビンビンになりながら、話のディティールも深く想像

図14　立ちふさがる自意識

するなんていう両立は不可能なのです。

自意識は消えません。無視しようとすればするほど、あなたの前に立ちふさがります（図14）。

けれど、話の内容に集中し、話の内容を思い出し、想像しながら話せば、「自意識」はどんどんと減って、あなたの後ろで見守るようになるのです（図15）。

自意識をなくすことはできません。サッカーのゴールの瞬間のように、わずかな時間忘《ぼう》我《が》の状態で「自意識」を忘れることができますが、すぐに戻ります。

だからこそ、**「自意識」を敵にするのではなく、味方にすることが必要なのです。**

朝、職場で「3分間スピーチ」をしなければならないのなら、その話の風景を具体

図15　見守る自意識

的に想像しながら話すのです。

「先日、母親にこんなことを言われたんです。それは～」という場合は、自分と母親の服装、部屋の内装、その時の匂い、音、窓はどっちにあったか、太陽の光は差していたか、そういうことを思い出したり、想像しながら話すのです。

「うまく話そう」とか「受けを狙おう」とかではなく、あなたはあなたの話の内容に具体的に集中するのです。今まさに話している内容を具体的に想像し、具体的に感じるのです。そうすることで、リラックスして話せるようになるのです。

俗流の恋愛本には「すべての人に好かれようと思わないこと」という表現がありま す。これは「話す」時も真実だと思います。

10人のメンバーを前に話す時、10人全員に好かれることを目標にするのは意味がないし、そもそも不可能だということです。

好かれることを目標にすると、「自意識」が生まれます。なぜなら、これをすれば絶対に好かれるという、「好かれること」を直接的に保証する行動も発言も存在しないからです。その結果、何をしても「私はみんなに好かれているんだろうか」という抽象的《ちゅうしょうてき》な悩みに苦しんでしまうのです。

それは「自意識」をどんどん肥大《ひだい》させる道です。「どうしたら好かれるか？」を考えるのではなく、今、あなたが話している内容に集中するのです。

それが、結果的に、（全員ではなくても）多くの人から好かれる道であることは間違いありません。

レッスンのポイント

・自意識はなくすことはできない。敵にするのでなく味方につけよう。
・「うまく話そう」「受けを狙おう」とせず、話の内容に具体的に集中しよう。

10　「話す」３つのレベル

３つの輪に対応する言葉

　いざ大勢の前で話し出したら、まず、**一番、反応のいい人の目を見ます**。間違っても批判的な人の顔を見ながら話してはいけません。どんな人も、急速に「自意識」が大きくなって、冷や汗が出てくるでしょう。一番微笑んでいる人とか興味深そうに聞いてくれている人の目を見ます。そこでまず、落ち着くのです。

　続いて、その一番反応のいい人を**母港**として、話しながら順番に全員の目を見て回ります。

　不安になったら、すぐに一番反応のいい人の顔に戻って安心します。そういう意味で母港なのです。

　聞いている人が30人以上いると全員の目を見るのは不可能かもしれません。ですが、あなたとアイコンタクトした人は、心情的にあなたの味方になろうとします。焦らず

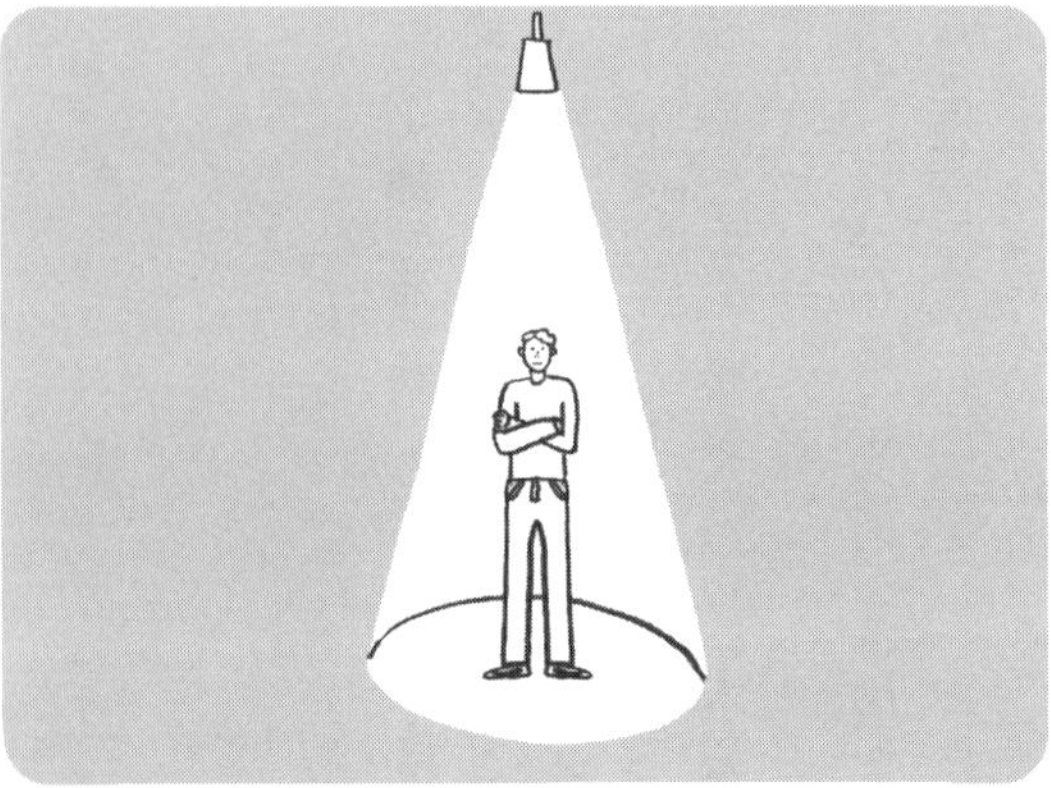

図16　第一の輪

できる範囲で順番に全員の目を見て下さい（話す時間が短かくて、全員は無理だと感じた場合は、場の空気を決めたり、決定権を持つ人の目を優先的に見て下さい）。

　話しているうちに混乱したら、堂々と「ちょっと待って下さい」と言いましょう。

　その時、自分一人になったような気持ちで、周りを一瞬忘れて、「自分は今、何を話していたか」を確認して下さい。その瞬間は、周りに気をつかう必要はありません。これを専門用語で「第一の輪《わ》」の状態と言います（図16）。

　例えば、ものすごく面白いマンガを読んでいる時とか今日何を食べようと真剣に考えている時、あなたの周りは暗くなって一人でいるような気持ちになります。

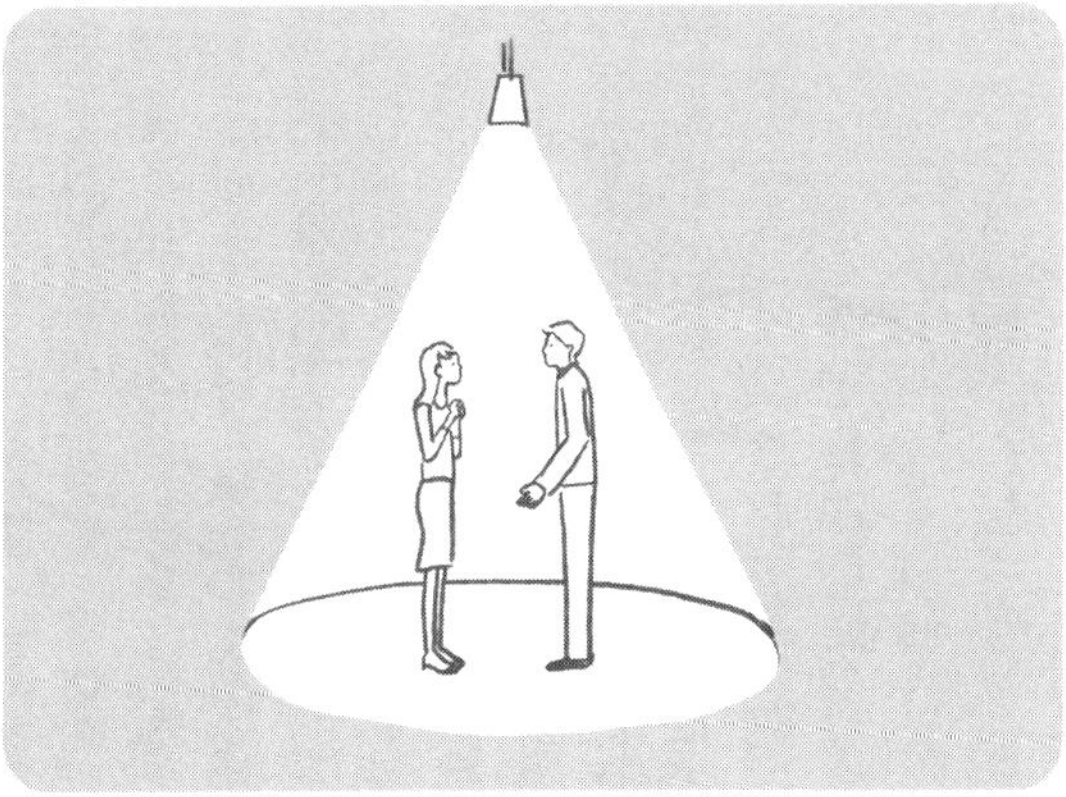

図17　第二の輪

あなたにだけスポットライトが当たって、周りは暗い状態。これが「第一の輪」の状態です。

あなたが誰かと深く話し込めば、それは**「第二の輪」**の状態になります。ラブラブの恋人同士とか真剣な相談とかの場合です（図17）。

例えば、30人の会議であなたに批判的な目を向けている上司にだけフォーカスを当てている状態が、「第二の輪」です。または、あなたを積極的に応援してくれている同僚とだけ真剣にアイコンタクトした場合も「第二の輪」です。

「第三の輪」もあって、これは目に見える風景全部です。30人の会議なら、30人全員の顔が見えている状態です（図18）。

図18　第三の輪

これは、ロシアの演出家スタニスラフスキーが発案した分類なのですが、スタニスラフスキーは、「第一の輪」の状態が一番、落ち着くと解説しています。

難しい話ではありません。私達は無意識にやっている場合があります。物を失くした時、周りを探すのをやめて「えーと、昨日、最後に使ったのは〜」と考え込んだり、道に迷った時、周りを見るのをやめて「どこだったたっけなあ……」と考え込む場合です。

「第一の輪」に入れば、集中して、いろいろと考えられるのです。

ですから、自分の言うべきこと、話の展開が分からなくなったら、堂々と「ちょっと待ってくださいね」と「第一の輪」に戻ればいいのです。ここで、「第三の輪」のままで「えーと、すいません。あんまり人前で話すのが慣れてなくて。あのえーと」と、周りを意識したまま悩んでいては、落ち着かず、自分が本当は何が言いたいか分からないままになってしまうのです。

それぞれの輪に対応する言葉があると、僕は思っています。

「第一の輪」に対応する言葉は**「独《ひと》り言」**です。

「第二の輪」に対応する言葉は**「あなたと話す言葉」**です。

「第三の輪」に対応する言葉は**「みんなと話す言葉」**です。

分かりやすい例だと、あなたは一人浜辺に立っています。「ああ、昔、恋人と来たなあ」と思って「懐かしいなあ」と思わずつぶやいたとします。これが「第一の輪」の言葉「独り言」です。すぐに、「なんか言った?」と今の恋人が近くに来たとします。「ううん。なんでもない」と恋人に向って答えるのが「第二の輪」の言葉「あなたと話す言葉」です。新しい恋人が「あれ、サーフィンしてる人達、こっちを見てるよ。知り合い?」と言って海を指さすので、「えー、まさか、ユキオとタダシか?おーい!」と叫べば、それは「第三の輪」の「みんなと話す言葉」なのです。

もうひとつ、分かりやすい例を。

司会のあなたが、騒いでいるクラスメイトに向かって「静かにしろ！」と叫んだら、それは、「第三の輪」の「みんなと話す言葉」です。

一人、騒いでいるリーダーというかボスだけをにらみつけて「静かにしろ！」と叫んだら、「第二の輪」の「あなたと話す言葉」です。

何度叫んでも誰も聞いてくれず、途方《とほう》に暮《く》れたあなたが下を向いたまま「静かにしろ」とつぶやいたら、それは「第一の輪」の「独り言」です。

同じ言葉でも、三つの輪に対応する言葉として話すことができるのです。

あなたは会議やプレゼンの時、自分の言葉が「独り言」になっていないか、誰に向けた言葉なのか、全体に向かっている言葉なのかを意識し、コントロールする必要があります。

例えば、ザワザワとした聴衆を前に、僕は時々、「第一の輪」の言葉、つまり「独り言」で話し始めることがあります。聴衆は、「みなさん！」と自分達全員に話しかけると思っていたから、驚き、注目します。聴衆の注目が徐々に集まった所で、「第三の輪」の言葉「みんなと話す言葉」に切り換えます。

小さな講演会だと、時々、客席にいる一番偉い人や退屈そうにしている人に向かって「第二の輪」の「あなたと話す言葉」で直接話しかけます。

そうやって、**自分の言葉のレベルを変えることが、コミュニケイションの技術なのです。**

あなたが言葉のレベルをいろいろと変えながら話せば、あなたの話は多様になり、変化に富んだものになります。聴衆はあなたから目を離せず、集中して聞くようになるのです。

「第三の輪」で話す場合、あなたは全員に話しかけています。けれど、聞く人はあなた一人の話を聞いているのです。ですから、「みなさん」と話し始めるのは、聞く側に「ああ、聞いているのは私だけじゃないんだ。私だけに話しかけているんじゃないんだ」と、あらためて知らせるようなものなのです。それは友好な関係を築く時に、邪魔《じゃま》になることはあっても効果的なことはありません。

なるべく、スピーチの中に、「みなさん」という単語を入れない方がいいのです。

パーソナルなメディアである、ラジオやブログ、ツイッター、フェイスブックなども、読んだり聞いたりしている人は、あなた一人が発信したものとして接しています。その時にわざわざ「みなさん」と言うのは、「ああ、リスナー（読者）は私だけじゃないんだ。私は大勢の一人なんだ」と思わせてしまうことになるのです。百害あって一利なしの行為だと思います。

ツアーのベテラン添乗員《てんじょういん》は、「みなさん！」とは呼びかけないといいます。「みなさん！」と言った瞬間に「私のことじゃないんだ」と思う人が多いからです。「みなさん、明日はホテルのロビーに7時集合です」とは言わないで、「お疲れさまでした！　明日は〜」とか「えーと、明日は〜」とか「それじゃあ、明日は〜」と言うのです。つまり、あなたに話しかけているんだ、というイメージを強調するのです。

逆に、あなたはかけがえのない一人ではない、というイメージを出したい場合は、あえて「みなさん」という単語を使います。

商品の売り切れを伝える時、「売り切れです！」より「みなさん！　売り切れです！」の方が、あなたは大勢の中の一人なんだ、売り切れはしょうがないんだというニュアンスを伝えることができるでしょう。

レッスンのポイント

・「三つの輪」の違いを楽しもう。

・自分の言葉が「独り言」か、誰かに向けた言葉なのか、全体に向かっている言葉なのかを意識し、コントロールしよう。

11 話す内容ではなく話し方

ネガティブを語る人はコミュニケイションがうまくいかない

人は「**内容**」ではなく「**話し方**」にまず反応します。

絶望的な内容も、希望を持って話せば、人はただ悲しむだけでは終わりません。希望が少しはある内容も絶望して話せば、人は希望を見つけることができません。

僕は演出家を30年以上やっています。これだけやればいろんなことがあります。公演の初日直前に、俳優がケガしたなんてことも何回かありました。

そのことを告げるプロデューサーには2種類のタイプの人がいました。ひとつは、完全に打ちひしがれて、途方に暮れて、絶望して、「××がケガして、初日に出られそうにありません」と言う人です。内容より、その語り口調に僕はショックを受けました。

結果、その人の絶望を受け取り、しばらく思考も行動もできませんでした。

同じ内容を伝えるのに、「なあに、なんとかしましょうよ。ここまで来たんだから。今さら中止になんかできないんだから」と必死に熱意やエネルギーを振り絞りながら、「××がケガして、初日に出られそうにありません」と言ったプロデューサーもいました。内容はショックでしたが、そのぎりぎり前向きな言い方で「なんとかするかあ」という気持ちになりました。

「聞く」の所で否定や批判はなるべく口にしないようにと言いました。「話す」時も同じです。なるべくネガティブは語らないようにすべきなのです。

口を開けば、愚痴《ぐち》や悪口や批判を語り続ける人がいます。やがて、誰も傍《そば》にはいなくなります。みんな、しんどい人生を生きているのです。先に愚痴や弱気を語った方が楽なのです。でも、聞く方はそうではありません。

コミュニケイションがうまくいかないとか、人望がないとか、人に避けられている気がするとかの一番の理由は、なにかあるとネガティブを語るから、という場合が多いです。

口から出る言葉がすべて、批判や悪口、皮肉という人は普通にいます。たとえほめる場合でもわざわざ釘《くぎ》を刺す人です。「契約がうまくいったからって天狗《てんぐ》になるなよ」とか「あんまり喜んでると、気を抜いて失敗するからな」とかです。

それでは、コミュニケイションは絶対にうまくいかないと断言してもいいと僕は思っています。

自分自身に対してだけネガティブを語る人もいます。「私、バカだから」が口癖の人です。そう言うことで、失敗した時のショックを先取りしたり、予防線を張ったりして、なるべく傷つかないようにしたいんじゃないかと思います。けれど、聞いている側からすれば、百害あって一利なしの言葉です。聞いていて、悲しい気持ちや嫌な気持ちになることはあっても「そうか。バカな人なんだ。素敵だな」と思うことはないのです。自分から自分の価値を下げる必要はないでしょう。

ネガティブを話したい時はお互い様で

どうしても愚痴や悪口、弱気を話したい人は、仕事の席や何人かの前で語ってはいけません。プライベートで聞いてくれるただ一人に言うのです。その代わり、あなたはその人の愚痴や批判をとことん聞かなければいけません。

お互いがお互いのネガティブを聞く。それが人生のルールです。自分のネガティブだけを話し続けるのは、相手を（表現が汚くてすみません）痰壺《たんつぼ》とか便所にして、痰やゲロやウンコを排出し続けているのと同じです。

「すべての人に好かれようと思わない」と「人の悪口を言わない」は、じつは同じコインの裏表です。

どちらも相手とちゃんとコミュニケイションをするために大切なことなのです。

レッスンのポイント

・うまくいかない時は、ネガティブを語りすぎていないか点検してみよう。

・話す「内容」ではなく、「話し方」に注意してみよう。

12 挨拶について

コミュニケイションは挨拶から

とても基本的なことをひとつ。

自分のことをコミュニケイションが下手と思っている人で、単純に「挨拶《あいさつ》をしない」だけで、事態を複雑にしている人が多いと僕は感じます。

コミュニケイションが下手なのではなく、挨拶が下手なことでコミュニケイションが広がるきっかけを失っている人達です。

人づきあいのうまい俳優さんは、朝、稽古場《けいこば》に来ると、先輩俳優や演出家の所まで気軽に近寄って、「おはようございます」とふんわりと挨拶します。これで、その日一日、先輩俳優や演出家と口をきく機会がなくても大丈夫なのです。

「聞く」の「目をあわせること」でも書きましたが、それぐらい最初の印象は大切なのです。その日出会った最初の印象が、一日を決めるのです。

演出家である僕は、一日、まったくその俳優さんと話さなくても、コミュニケイションした気持ちになります。朝一番、お互いが穏やかな微笑みを交換するという簡単なことで、今日もその人とコミュニケイションしたという実感を持てるのです。

コミュニケイションが下手と悩んでいる若い俳優は、朝、決して先輩俳優や演出家に近づきません。ただ自分の椅子に座って「どうして私はコミュニケイションが下手なんだろう。どうやって声をかければいいんだろう」と悩んでいるのです。

自分から先に挨拶をすること。こんなに簡単なことが、「私はあなたとコミュニケイションしたいと思っているんです」というサインになるのです。

出会った時に自分から挨拶しなかったり、目があった瞬間、無表情でいれば、それは「あなたとはコミュニケイションしない」というサインになるのです。

挨拶なんて当たり前のことじゃないかとあなたは思うかもしれません。大学の演劇科や演劇の専門学校の就職率が上がっているというニュースがあります。俳優を目指さず、一般企業に就職を希望する演劇科の学生の評判がいいというのです。それは、なんと「ちゃんと挨拶ができるから」という理由です。

最初、この理由を聞いた時、僕は腰が抜けそうになりました。が、それだけ他の学部の学生は、挨拶ができないんだなあとしみじみしたのです。

演劇を作ることは共同作業です。自分の言い分と相手の言い分をすり合わせ、主張し、ぶつかり、交渉しながら作るのです。演劇科の学生は、そういうことを2年間か4年間しているので、集団の中でやっていくことに慣れているのです。これが、演劇科の学生が評判がいいもうひとつの理由です。

じつに単純なことに、相手とちゃんと話すための最初のステップは、自分から挨拶することなのです。

挨拶がうまくできないのは、コミュニケイションの基本を学ぶ「世間」である家庭に問題があったのかもしれません。

過度に愛された家庭に育った子供と、完全にコミュニケイションが崩壊《ほうかい》した家庭に育った子供は、共に、挨拶の重要性に気づかないまま成長することがあります。

過度に愛された家庭に育った子供は、家庭で挨拶をしなくても責められません。また、親が常に先回りして挨拶しますから、挨拶を強く求められることもないのです。

コミュニケイションが崩壊している家庭、両親が家庭内別居していて兄弟・姉妹がいない場合、お互いに挨拶をしない両親を見ながら子供は育ちます。それが普通の状態になります。

家族といえどもちゃんと挨拶しないとコミュニケイションはうまくいかないんだ、話さないですべてが以心伝心で伝わるわけではないんだ、なんでも情で解決するんじゃなくて論理も必要なんだ、相手とつながるためには挨拶が必要なんだ、というのは家庭という「世間」が壊れ、「社会」が顔を出す瞬間です。

通常の家庭は、どんなに仲が良くても、「社会」が顔を出す瞬間があります。毎日の小さなイライラの瞬間から、子供が初めて親の期待に背《そむ》いて別な道を進もうとする瞬間まで、「同じ価値に生きている」という信仰が崩《くず》れる瞬間です。もっとも、そういう時を経験するのが健全《けんぜん》な家庭だと僕は思います。

「社会」の人に向かって話しかける

挨拶をしないということは、大きく言うと、**自分の「世間」の生き方を守って、「社会」を無視する**ということです。

日本では肩が少し触れたり、足を軽く踏んだりしても、ほとんどの人は声を出しません。なにもなかったかのように通りすぎます。欧米では、必ず声をかけます。「社会」が自分の生きる空間なのですから、そうするのは当然なのです。というかそれが、健全な「社会人」であるというプライドであり、義務だと思っているのです。足を踏んで謝《あやま》りの声を出さなくなったら、もう、その人は通常の「社会」には生きてないという証拠です。きわめてダーティーな「社会」の人だと判断されるのです。

一度、僕は近所で自転車同士が軽くぶつかった瞬間を見たことがあります。二人とも大人でしたが、お互い、一言も話すことなく去っていきました。こんなことをしても、日本人は話さないのか、なかったことにするのかと愕然《がくぜん》としました。

混雑した電車やバスを降りる時、無言でぐいぐいと押しながら進むことが日本の大都市では普通のことです。そんなに他人とコミュニケイションしたくないのかと思います。一言、「降ります」とか「すみません」と「社会」に向けて話せばすむことなのにと思うのです。

前述した「仲間のために席をとるおばちゃん」が時折見せる現象ですが、目の前の人に文句があるのに、横にいる自分の友達に言うというスタイルがあります。「なんか、この人、変なこと言ってるわよね」とか「この人、すごいケチなこと言ってない？」とか「この人、さっきからうるさいのよね」とか、目の前に文句を言いたい人がいるのに、完全に無視して横の友達に言う場合です。

人の良いおばちゃんは、「世間」に向けて話す言葉は山ほど持っていますが、「社会」に向けてはほとんどないのです。なので、隣にいる「世間」の人に言うしかないのです。

僕は一度、お芝居を見ていたら、斜め前に座っていた中年の女性が突然、横に座っている人に「後ろの人、座席を蹴《け》るのよ」と大声で言ったことがあって驚きました。これでは後ろの人に対して逆効果ではないかと感じました。前の椅子の背中を蹴るのは、たぶん、無意識でしょう。それを、こういう屈折《くっせつ》した言い方で注意されると、後ろの人は依怙地《いこじ》になってしまわないかと思ったのです。

「社会」の人に向かって話しかけるのは、その時はしんどかったり、苦痛に思ったりします。けれど、やってみれば、「世間」の人に向かってお茶を濁《にご》すより、はるかに得ることが多いのです。

挨拶もまた、同じです。一瞬、苦手だとか面倒くさいとか怖いとか思っても、やってみれば、はるかに効果的な結果になるのです。

レッスンのポイント
- 相手とちゃんと話すための最初のステップは自分から挨拶すること。
- 自分はちゃんと挨拶しているか、考えてみよう。

13　日本語の特徴

日本語は「世間」と会話するための言語

海外でパーティーに参加して英語で話している時は、英語のリスニングに苦労することはあっても、相手との距離に困ることはありません。

が、パーティーの主催者が気を利かして、見知らぬ日本人同士を紹介したりすると、いきなり、日本人はお互いの距離に混乱するのです。

僕は何度も経験がありますが、英語で「Ｙｏｕ」と話している時は、**「何を話そう」**ということにしか関心がなかったのに、いきなり、相手が日本人になり「どうも」と話した瞬間から、**「どんなふうに話そう」**と戸惑うことになるのです。

「あなたは」というのか「おたくは」というのか「君は」なのか「山田さん」なのか「山田君」なのか、まさか「山田様」なのかと、ぎくしゃくするのです。英語なら、年上だろうが年下だろうが先輩だろうが後輩だろうが男女関係なく「Ｙｏｕ」ですんでいたのに。

あなたも気づいているかもしれませんが、**日本語は、自分と相手との関係、つまり、相手の立場や階層が分からなければ、相手の呼び方ひとつ決められない言語なのです**（逆に言えば、相手の立場が分かれば、じつに細《こま》やかにニュアンスを表現できる言語なのです）。

お互いを知らない日本人同士は、パーティーで名刺を交換するとホッとします。相手が取引のある会社なら「世間」の一員としての会話が始まるかもしれませんし、相手の年齢が分かれば、なんと呼びかければいいかも自然に見えてきます。

あなたにも経験ないですか？　話していた相手が年下と分かって、急に会話が楽になった瞬間が。日本人は名刺を交換するまでは、お互い、手さぐりの状態が続くのです。

日本では、欧米にあるような「知らないもの同士」が次々に（名刺を渡さず）自己紹介しながら、いろんな人と会話を続けるというパーティー文化はありません。

日本の異業種交流会は、まず、名刺ありきです。この人は自分と無関係な「社会」に生きる人なのか、それとも自分と同じ「世間」に生きる可能性があるのかは、相手の立場が分からないと判断できないのです。

日本語は、立場や階層が分からない相手と話すことを想定してないのです。つまり、**日本語は、「世間」の人と会話するための言語**なのです。「社会」に属する人と話すことがとても不得意な言語です。

それでも、私達は「社会」に属する人と話さなければいけません。日本語が不向きな言語だからと諦《あきら》めている場合ではないのです。

「社会」の人と会話する基本は「です、ます」で

『「関係の空気」「場の空気」』（講談社現代新書）を書いた作家の冷泉彰彦《れいぜいあきひこ》氏は、長年、アメリカで日本語を教えている立場から、「です、ます」の丁寧語《ていねいご》を使うことを提案しています。

英語は、「Ｙｏｕ」という呼びかけに象徴《しょうちょう》されるようにフラットな表現ですが、日本語でも相手の立場や性別に関係なく（フラットに）会話するためには「です、ます」の表現を使えばいいというのです。この提案は実に現実的で効果的だと思います。

「年齢や社会的な上下にかかわらず、初対面の人間同士はこの『です、ます』という標準会話によって最初の信頼関係を確立すべきだし、公的な場、とりわけ利害や前提

知識の差のある人間の集まった場でも『です、ます』を通すことで、その場の参加者全員と等距離の関係を築くべきだろう」

と、冷泉さんは書きます。「です、ます」は敬語《けいご》という理解ではなく、相手とニュートラルな立場で会話できる言葉だと提案するのです。

じつは、メールでは先にこのことは実現しています。手紙と違い、メールの文章は「です、ます」を中心としたフラットな文章が多いのです。そして、だからこそ、メールは立場や階層が違う日本人同士でも直接、知り合い、会話できるのです。

冷泉さんは、「ため口」はニュアンスがむき出しになる言葉なので、却《かえ》って混乱を多く生むだろうと言います。

知らない人から、いきなり「ため口」のメールをもらったことがあれば、このことはすぐにリアルに理解できるでしょう。

満員電車の中で、「いいかげんにしろ!」と叫ぶのではなく、「すみません。イヤホンから漏《も》れる音が大きいです。下げてくれませんか」と「です、ます」を基本にして話しかけるのです。つまり、薄い「世間」や「社会」の人と会話する時の基本を「です、ます」にする、ということです。

もちろん、それで問題が解決するとは限りませんが、「いいかげんにしろ!」と濃い「世間」の言葉に逃げ込むのではなく、知らない「社会」の人とちゃんと会話するためには、「です、ます」を基本にすることが大切なのです。

あなたに「年下で女性の上司」ができた時は、「です、ます」を使った会話はさらに重要になるでしょう。仕事の時はもちろんですが、飲み会でプライベートなことを話す時こそ、「です、ます」で話すのです。年下だから、女性だから、「世間」のルールを持ち込もうとしたら、あなたは間違いなく失敗するでしょう。

私達は、自分に都合がいい時にだけ、勝手に「世間」のルールを使ってコミュニケイションしようとします。

追い詰められた人が「年下のくせに！」とか「女のくせに！」と叫ぶ場合です。そういう人は、相手と同じ「世間」に住んでいるのではありません。そこでは、世間は中途半端に壊れて、とても薄くなっているはずです。ただの「社会」の場合もあるでしょう。なのに、一方的に伝統的な「世間」を持ち出すのです。負けそうになったら、人間はどんな屁理屈《へりくつ》でも言うのです。相手も、そして、自分もちゃんとした「世間」に住んでないのですから、「女」とか「年下」とかの「世間」のルールは通用しませんし、そもそも、持ち出すことが無意味です。

たぶん、そう言ってる人も、いきなり「大人の男なのに！」とか「先輩の器《うつわ》でない！」と、「世間」のルールで言われたら反発するはずです。「ビジネスの世界とそんなことは何の関係もない！」と怒るかもしれません。

「です、ます」の丁寧語と信頼関係は結びつきにくいと思っている人がいるかもしれません。確かに、「甘え上手」のためには、「世間」のルールを使うのがいいと前述しました。けれど、それは、お互いの間に「空気」も含めて、濃密な「世間」が存在している場合なのです。「年下で女性の上司」というような今までの「世間」のルールに反する立場の人との間には、濃密な「世間」は成立しないと考えた方がいいのです。それは、外国人の上司も同じです。

大学に通っている外国人が、「先週、自分の年齢をゼミで言ったら、みんなの態度が変わった。年下だから、と言われて、いろいろと偉そうに言われるようになった。全く理解できない」と混乱していました。「世間」のルールは、お互いが所属していると思ってなければ、成立しないのです。

過剰にへりくだることもなく、過度につけあがることもなく、**ニュートラルに「です、ます」の表現で会話するのが、「社会」の基本**だと、僕は思っています。そして、大きく壊れた「世間」でも、それが有効なのです。

相手が明らかに目上の人なら、「召《め》し上がりますか？」とか「どうぞ召し上がって下さい」ですが、「社会」での会話は、「食べますか？」や「お食べになりますか？」でいいと僕は思っています。「おっしゃる」も「社会」の会話では、「話されました」や「言われました」でいいと思っているのです。

つまり、「です、ます」を冷泉さんが書かれたように、丁寧語という敬語ではなく、**日本語をニュートラルにする機能**と考えるのです。

「させていただく」は日本語の恥

話は少しそれますが、「ここで休憩《きゅうけい》をとらさせていただきます」ではなく、「ここで休憩をとります」または「ここで休憩です」と言うべきだと、声を限りに叫びたいと僕は思っています。

「〜させていただく」の連呼は日本語の恥だと僕は本気で思っています。

「それでは説明させていただきます。まずは最初の案から始めさせていただきます。資料を配らせていただきました。プロジェクター上映のために部屋の明かりを消させていただきます」という「させていただく」を連呼する言葉は、「みんなと話す」の「第三の輪」の言葉ではなく、「独り言」の「第一の輪」だと僕は思っています。

情報を伝えることが目的なのではなく、失敗しないこと、予防線を張ること、誰からも突っ込まれないことがテーマだと思っているのです。

「ここで休憩をとらせていただきます」という言葉は、この10年で急速に蔓延《まんえん》しました。今では、「ここで休憩です」と言う人の方がはるかに少数派でしょう。けれど、「～させていただきます」の無自覚な使用は日本語と表現に対する怠慢《たいまん》と裏切りだと僕はずっと思っているのです。

……という話をすると興奮してしまうので、とにかく「です、ます」は「社会」とコミュニケイションする強力なツールだと知ってください。

レッスンのポイント

・日本語は「社会」の人と話すのを想定していない言語である。
・「です、ます」は「社会」とコミュニケイションする強力なツールである。
・薄い「世間」や「社会」に生きる人に対して、「です、ます」で会話してみよう。

14 コミュニケイションの理想形

「絆」をどうとらえるか

2011年3月11日の東日本大震災の夜、東京では、膨大《ぼうだい》な帰宅難民が生まれました。多くの人が何時間もかけて自宅に歩いて帰ろうとする途中で、さまざまな人が手を差し出しました。寒いだろうからと、一杯の味噌汁やコーヒーを配《くば》ったお店がありました。

そこでは、見も知らぬ人に「よかったらどうぞ」とカップを差し出し「ありがとうございます」と言葉を交わす風景が広がりました。「ご家族は大丈夫ですか?」「ええ。やっと家族と連絡つきました」と会話が続いたりしました。

それからしばらくの間、道を歩いていて揺れを感じたりすると、見知らぬ同士が「揺れましたね」「怖かったですね」と会話しました。

今でも、震災関係や地震、原発関係だと見知らぬ相手にも思わず話しかける人が少なくないと思います。

震災の夜、見知らぬ人と話し合った空間を、日本伝統の濃密な「世間」が復活したととらえるか、日本人が「社会」に住む人達と会話を始めたととらえるかで、コミュニケイションの理想形は変わってくると、僕は思っています。

世界は、震災当日の日本人の振る舞いを絶賛しました。略奪も暴動もなく、それどころか、何時間も整然とバス停に並んだ日本人。東京では、何時間も渋滞が続きましたが、クラクションを鳴らす車はほとんどいませんでした。

これは、かつての日本の村のような強力な「世間」を人々が求めた結果なのか。それとも、見知らぬ人との「社会」を成立させようと人々が思った結果なのか――おそらく、両方あったのだろうとは思います。

田舎では、昔ながらの「世間」に戻ろうとした人も多かったでしょう。都会では、「社会」に生きる見知らぬ人間同士だからこそ、お互いが手を差し伸べようと感じた人が多かったのだと思います。そして、それが、震災後のボランティアにつながったのでしょう。

「絆《きずな》」を、「世間」の人とのつながりととらえるか、「社会」の人とのむすびつきととらえるか。

本気で強力な「世間」を取り戻したいと思っている人がいると書きました。〝古き良き日本〟や〝誇りに満ちた強い日本〟を復活させたい人たちです。彼らは「世間」がちゃんと機能していた日本をイメージしているのでしょう。お互いがお互いを助け合い、お互いがお互いの幸福を願っていた時代。

けれど、水を差すようですが、日本人は昔から、知らない者同士がお互いに手をつないだことはありませんでした。ただ、「世間」の仲間内同士が強力な絆で助け合ってきたのです。

伝統的な「世間」に憧《あこが》れる人は、日本という確固たるひとつの「世間」があったと誤解しているのだと思います。日本の中に、数多くの強力な「世間」があっただけで、日本がひとつの「世間」になったことはありません。それは古き良き幻想の日本です。

そして、「世間」が強力であればあるほど、部外者、つまり「社会」に生きる人は阻害《そがい》されました。人々が平和に暮らす村だからこそ、よそ者や村の掟《おきて》を破った人は強烈に排除《はいじょ》されました。

明治以降、「世間」が強力に残る村では、人々が助け合う反面、村会議員の選挙違反を告発しようとした人が強引に排斥《はいせき》されて自殺に追い込まれたり、業界の談合ルールを告発しようとした人が暴力的に排除されたりしました。

そうしながら、「世間」に生きる人は身内同士、助け合って生きてきたのです。それが「世間」の掟《おきて》なのです。

コミュニケイションの理想とは

あなたのコミュニケイションの目標が、「社会」の人々の中から濃密な「世間」を作ることだとしたら、あなたは苦労するだろうと思います。

「です、ます」を基本にして、知り合った人達と会話を始め、やがて、親しくなった時に、濃密な「世間」の相手として会話しようとすれば、たぶん、あなたは失敗するだろうと思います。

具体的にはこういうことです。

あなたがあるサークルを始め、ネットで出会った人と「です、ます」で会話を始める。やがて、深く知り合うようになって、あなたはサークルの会合を1カ月に1回ではなく、1週間に1回に決める。メンバーとの会話も濃密にしようとする。

メンバー全員が、他に所属する共同体がなければそれは成立するはずです。けれど、今どき、ひとつの共同体だけで生きようと決意する人は少ないでしょう。もし、他の共同体に所属してなくても、あなたの作ったサークル以外の興味が間違いなくあるはずです。

サークルという例にしましたが、地域の集まりでも会社のチームでも同じです。私達の興味は広がってしまいました。一人の時間にいろんなことをしたくなりました。仕事だけではなく、友人だけではなく、家族だけではなく、さまざまなことに関心を持つようになりました。

あなたが、どんなにそのサークルという共同体を中心に生活しようとしても、他のメンバーは他の価値観も同時に楽しみたいと思うのです。

だからこそ、今、濃密な「世間」の人間関係を理想としてコミュニケイションする人は、苦労するだろうと思います。

震災の後、「絆《きずな》」とは「心をひとつにすること」だと言われました。けれど、心はひとつにはできないのです。どんなにがんばっても、あなたと私は同一の価値観では生活してないのです。ひとつになることを目標にするのは、犠牲《ぎせい》と我慢《がまん》と無理解が広がるだけなのです。

ただし、特定のテーマについて、全員が同じ方向を向こうと決意することはできます。「絆」が、ひとつになることではなく、それぞれの立場にいながら、ある明確なテーマに関して手をつなぐことなら、できるのです。

コミュニケイションの理想も同じです。

とことんコミュニケイションするのは、ひとつになるためではありません。あなたと私がどう違うかを徹底的に発見するためです。お互いの違いが分かるからこそ、お互いは、どこまで歩み寄れるか分かるのです。

あなたと私がどう違い、どう歩み寄れるかを知るために

集団が議論を続けるのは、ひとつにまとまるためではありません。

メンバー一人一人が具体的にどう違うことを思っているのかを明確にするためです。

とかく、日本人は集団で議論を始めると、「ひとつになるためだ」とあらかじめ目標を決めてしまいます。

違います。それぞれが思っていることを具体的に明確にするために話し合うのです。

お互いの違いが明確になって初めて、歩み寄れる点と歩み寄れない点が見えてくるのです。

コミュニケイションの技術を高めるのは、ひとつになるためではありません。

あなたと私がどう違い、けれど、どう歩み寄れるかを知るために、コミュニケイションのスキルを獲得《かくとく》するのです。

あなたと私は違う。けれど、なにが一緒にできるか。どこまで一緒にできるか。どこを譲《ゆず》り、どこを押せるのか。どこは一緒にできないのか。それを見極め、実行することがコミュニケイションの目標なのです。

「社会話」は生きる知恵

「世間話」は知り合い同士が情報ではなく感情をやりとりするものだと書きました。「揺れましたね」「怖かったですね」と知らない者同士が語る言葉は、「社会話」と名付けようと僕は思っています。

「社会」での会話は、感情ではなく情報だと書きました。けれど、「揺れましたね」「怖かったですね」という会話は、相手が「社会」に住んでいる人なのに、感情を交換することが目的です。お互いの感情を語ることで、知らない者同士、なんとか恐怖を和《やわ》らげようとする会話です。

つまり、**「社会話」は、中途半端に壊れた「世間」を生き延びるために、人々が獲**

得しようとしている生きる知恵だと僕は思っているのです。

「おでかけですか?」「ちょっとそこまで」という「世間話」は、お互いが「世間」という共同体に生きているという確認の会話です。

「社会話」は、お互いが違う共同体に生きながら、けれど同じ地球というこの場所で生きるしかないという確認の会話なのです。

　知らない者同士でも、感情を交換することができるんだ、それで一時的にでもこんなにホッとできるんだ、もう二度と会話する機会はないかもしれないけれどお互いの存在を感じれば生きていく勇気をもらえるんだ、というリアルに支えられたのが「社会話」なのです。

「揺れましたね」「大きかったですね」と電車の中やスーパー、道端で思わず会話し、そして離れていく——それだけでも、どれだけ救われた気持ちになるか。

僕は、「社会話」がどんどん広がる日本になればいいと思っているのです。

　道行く人がすれ違いざまに「いい天気ですね」「なんだかワクワクしますね」とか、ふと道端の花を見て「きれいな花ですね」「パンジーですね」とか、咳《せ》き込んでいる人の傍で「風邪ですか。お大事に」「ありがとうございます。あなたも気をつけて」

というような「社会話」を何気にやりとりし、そしてさらりと離れていくことが当たり前になれば、今よりうんと住みやすい国になるんじゃないかと思っているのです。

レッスンのポイント

・中途半端に壊れた「世間」を生き延びるために、「社会話」を始めよう。
・今まで、自分は「社会話」をしたことがあるか、考えてみよう。

第5章

コミュニケイションの技術
「交渉する」

1 「交渉する」

日本人は交渉が苦手

いよいよ、コミュニケイションの3つの要素の最後、**「交渉《こうしょう》する」**です。

あなたはちゃんと人の話を聞き、そして、誠実に話しました。けれど、相手とぶつかります。ここからコミュニケイションの正念場《しょうねんば》が始まります。

けれど、多くの日本人は「交渉する」ことが苦手なんじゃないかと思います。

意見がぶつかり、対立したら、条件反射のように一瞬で感情的になったり興奮したりする人や、コミュニケイションを諦《あきら》める人が多いと感じます。

前述した「100％勝つ」か「100％負ける」かの二者択一《たくいつ》を選んでしまう人も多いでしょう。対立した時点で、コミュニケイションというより、「落とし所《どころ》」「妥協点」をすぐに探し始める人もよくいます。

日本人は交渉することが世界で一番苦手で、対立を避けている国民かもしれないと僕は思っています。

原因のひとつは、もちろん、ずっと書いてきている「世間」です。

そして、もうひとつが、**ネットの発達**だと僕は思っています。

特に、若い世代の「交渉する」力が落ちているのは、これが原因だと思っているのです。

「語りたい思い」と「伝える技術」

若い世代を中心にして、「交渉する」力が落ちているのは、インターネットの発達によって、とりあえず、「語りたい思い」が満足するからじゃないかと僕は思っています。

昔、僕が大学生の頃は、例えば、何人かの友達と芝居を見に行って、「このまま帰るのもなんだから、居酒屋にでも行きますか」となり、生ビール飲みながら思わず「しかし、つまんない作品だったね」と軽口《かるくち》を叩《たた》くと、中には感動した友達がいて「なんで？　どこがつまんなかったの？」と責められていきなりみんなの注目を浴び、見つめられた以上は「どういうふうに、この作品がつまんなかったのか」を説明しなければいけないという強い「空気」が生まれました。

で、この「空気」には逆《さか》らえないので説明を始めると、そんなに深い考えで言ったわけじゃないことが多いので、話すうちに自分でもよく分かんなくなり、「それはおかしいだろ」とすぐさま反論されて、周りの目も「説得力ないなあ」なんて感じになり、「いや、そうじゃなくてさ」と必死の気合で話し続けるという、会話の千本ノックみたいな状態が普通にありました。

つまり、**「語りたい思い」と「伝える技術」はいつもセット**で、「語りたい思い」を満足させようとすると、必ず「伝える技術」を問われたのです。

思いを言い放しで満足して、それで終わり、ということはほとんどありませんでした。思いを言った以上は、なんらかの反応があって、相手との関係を続けようとする限りは、どう説明しようかとバタバタしました。

今は、若い奴と一緒に芝居を見に行っても、とりたてて飲みには行きません。でも、みんな、何かを見た後はそれなりに語りたいから、ツイッターやフェイスブックやブログに感想を書きます。逆に言えば、こういう手段があるから、とりたてて飲みに行かなくても平気なんだと思います。

書き込んだネットの感想に対して、「つまんなくないよ。どうしてそう思うの？

説明して」と突っ込む人は少ないです。もし、そういうコメントがついても、やりとりは一、二回で終わりでしょう。飲み屋の会話のようなある程度の長さのやりとりをネットで延々と続けるのは、粘着質《ねんちゃくしつ》で不自然だと受け取られることが多いでしょう。また、答えたくない意見を無視するのは、居酒屋ではかなり難しいですが、ネットでは簡単なことです。

つまりは、**「語りたい思い」と「伝える技術」が完全に分離した**のです。「伝える技術」を問われないまま、「語りたい思い」を満足させるという、奇跡的な状態が日常レベルで成立したのです。

一般レベルにおいては、これは人類史上初めて（！）のことではないかと思います。自分の気持ちを開かれた形で言い放しにしても文句が来ず、ふうふう言いながら説明する必要がない、ということは、王様とか皇帝ぐらいしか許されなかったことじゃないかと（冗談ではなく）思います。

もしくは、手紙にしか自分の気持ちを表現せず、なおかつ手紙は出し放し、返信は絶対に受け取らない人でしょうか。自分の思いだけを書いて、反論・返信を無視し続けた人です。

通常、こういうことをしていると、だんだんと誰も「語りたい思い」を聞いてくれなくなります。会話レベルだと、自分の意見や感想を言うだけ言って、反論も感想も受け付けない人は、だんだんと無視されて、開かれた状態から閉じた状態になります。人間はこの状態に敏感ですから、自分の思いは誰にも届いてないんだと焦り、怒り、許せなくなってくるのです。

ほとんどの一般庶民《しょみん》は、何かについて人前で思いを語れば、その内容に対する問いかけや反論、さらなる説明を求められました。そして、その答え方によって能力や賢さ、人格などを判断されてきたのです。孤立したくない一般庶民は、だからこそ、必死で「どう伝えるか」という技術に心を砕《くだ》いたのです。

「語りたい思い」と「伝える技術」の分離は、職場でも学校でも起こっています。ネットに「どうしてあんな言い方するのかなあ」とか「あの上司、本当に分かってないんだよなあ」とか「俺はじつはこの時、こう思っていたんだ。そういう気持ちってあるよね」と書くことで、職場や学校での会話が減ってきました。

とりあえず、職場や学校でためた感情をネットで吐き出せるので、そして、（これが一番、重要なのですが）それは他人の目に触れない日記ではなく、一応開かれた形で人の目に届くスタイルなので、満足してしまうのです（足跡やコメントが残ることで、「誰かに届いた」と思えるのです）。

ネットのなかった昭和の時代、ためにためた思いを、職場や学校の関係者の前で言ってしまい（そういう人の前だからこそ吐き出したくなるのですが）、次の瞬間から、その言葉の言い訳だの説得力だの正当性だのをふうふう言いながら探し続ける、なんてことがよくありました。

今は、ネット上で発散することで、その危険がぐっと減ったのです。そして、吐き出した思いを周りに納得させるスキルを磨《みが》く機会も同時に激減《げきげん》したのです。

「伝える技術」を磨くチャンスを減らしている

僕が司会をしているテレビ番組「ｃｏｏｌ　ｊａｐａｎ」に出る外国人が口をそろえて言うのは、「日本人は携帯やスマホのメールをしすぎる」ということです。

「どうして話さないの？　電話なのに」と世界中の外国人は言います。「電話の声だったら、相手の状態も分かるし、相手と親密にもなれる。メールだけっておかしいと思う」とほぼ全員が言います。

これはじつは話せば長くなる**「日本人は、文字を見るということをとても大切にしている」**ということと関連があると思っています。

アメリカやイギリスの英語学校には、世界中の人達が英語を学びにきます。新しい単語が先生の口から出た時、電子辞書でその単語を見て、スペルを確認しないと気が済まないのは、唯一日本人だけなのです。南米やヨーロッパ・ロシアの生徒は、耳で聞いて納得します。それで、終りです。けれど、日本人だけは、文字を目で見ないと納得しないのです。

……という話は、またの機会に。

話は戻って、メールは、「語りたい思い」を短く表現するメディアです。複雑な感情や込み入った思いをキャッチボールして「伝える技術」を磨くメディアではありません。「伝える技術」を上達させるためには、メールよりも電話で話す必要があるのです。

もちろん、電話より直接会って話す方が「伝える技術」はさらに磨かれます。

ツイッターやフェイスブック、ブログ、メールをやらない方がいいと言っているのではありません。僕自身も現在、ツイッターにはまっています。

大切なことは、ネットに書き込むことで、自分は「語りたい思い」を発散しているんだと自覚することです。そして、それだけで満足して、ついつい、「伝える技術」を磨くチャンスを減らしているんだと意識することが重要だと思うのです。

レッスンのポイント

・「伝える技術」を磨く機会を意識してみよう。

・作品（映画、小説、ＴＶドラマ、アニメ，舞台など）の感想を友人に語ってみよう。

2 「迷惑」か「お互いさま」か

何が迷惑で何が迷惑でないか

「交渉する」力が落ちていることとの理由のもうひとつは、

「人に迷惑《めいわく》をかけない」という育て方が大きいのじゃないかと僕は思っています。

ここまで、この本を読んでくれた人には、この意味がすぐに分かるかもしれません。

「人に迷惑をかけない」という言葉は、「何がその人の迷惑になるのか」が明確に分かっている人が使う言葉です（もちろん、「盗まない」とか「人を殺さない」という基本的なことは別です。「迷惑をかけない」という言葉には、もっと精神的な「気配り」の要求を感じます）。

転《ころ》んで泣いている子供に手を出して立たせた方が迷惑なのか、そのままにした方が迷惑なのか、市販のお菓子を取り上げて食べさせない方が迷惑なのか、市販のお菓子を食べさせた方が迷惑なのか、はっきり分かっている人が使う言葉なのです。

つまり、**「人に迷惑をかけない」というのは、お互いが共通の価値観で生きている「世間」の中で通用するルールなのです。**

統計的な根拠はまったくなく、印象でしかないのですが、自分の子供の将来を聞かれて、「社長とかお金持ちとかにならなくてもいいけれど、他人に迷惑をかけない人になって欲しい」と答えるのは、保育園より幼稚園に子供を預けているお母さんの方が多いような気がします。つまり、専業主婦として子供を幼稚園に預けている人の方が、働く母親として子供を保育園に預けている人より、「他人に迷惑をかけない子供」に育てたいという意識を持っていると僕は感じています。

それは、一度、実社会に出て、ビジネスの現場に立てば、**何が迷惑でなくて何が迷惑か分からない「社会」**を知るからです。こっちの都合と相手の都合がぶつかり、これはあきらかに相手の迷惑になるのだけれど、そうしなければこっちの商売が成り立たないとか、相手の都合を考えていたらこっちはあきらかに迷惑だとか、よかれと思ってやったことが相手にとってはとても迷惑だったとか――共通の価値観がない現場を知ると、簡単には、「他人に迷惑をかけない人」が子育ての一番の目標にはできなくなるのです。

働いたことがないか、働いた経験が少なく「社会」の対立を知る前に専業主婦になった母親は、「世間」が崩壊し「社会」に生きるというイメージが弱いのじゃないかと思うのです。だから、「他人に迷惑をかけない」というルールが一番に出てくるのではないかと想像します。

小さい頃から「他人の迷惑にならないように」と教育された子供達が大きくなって、ビジネスや組織の現場で、価値が対立するコミュニケイションに飛び込むだろうかと僕は考えます。相手と対立し、相手の提案を拒否することは、「相手に迷惑をかけること」だと思うんじゃないかと心配するのです。

少し考えれば違う気もするけれど、「他人に迷惑をかけない」という強烈な刷《す》り込《こ》みが頭から離れない。だから、最初からなるべく交わらないようにしよう。コミュニケイションは最低限に押さえて、自分のやるべきことだけをやろう——そう結論するのはある意味、自然な流れのような気がします。

人は一人では生きていけない

他人に迷惑をかけないために、なるべく人と交わらないようにする人が増えてきたんじゃないかと書きました。

けれど、「人は人と交わらなければ生きることはできない。問題は、それを迷惑と感じるか、お互いさまと感じるかだけだ」という言い方があります。

「迷惑」と**「お互いさま」**は、同じ行為をどう見るかだけの違い、ということです。「お互いさま」は「世間」向けの言葉のように感じますが、「社会」に生きる時でも使うのです。

もともとこの言葉は、誰にも相談せず思い詰めて自殺を試みた人とか、一人抱え込んで病気になってしまった人とか、いつも人と距離を置いて孤独をこじらせてしまった人に向けてのものです。

人は一人では生きていけません。具体的な意味で、一人では生きていけないのです。どんなに孤独に耐えていると思っても、どこか精神のバランスは危うくなっているはずです。

まして、職場やクラス、家庭など、周りに人がいるのに、一人で誰にも頼らず、迷惑をかけないで生きていこうと思ったとしたら、その決意はかなり周辺の人々を混乱させているか、振り回しているはずです。

苦しい時に苦しいと言うから人間は生きていけるのです。困った時は困った、助けて欲しい時は助けて欲しいと言えるから人間は精神のバランスが取れるのです。

ストレスに強い人とは、一人で抱え込む人ではなく、うまく周りの人と話すことで発散できる人なのです。心が悲鳴を上げているのに我慢《がまん》を続けて、誰にも言わなければ、精神は間違いなく崩壊《ほうかい》するでしょう。

念のために言っておきますが、この「周りの人」は、家族や親友・親しい同僚という濃い「世間」の場合もあれば、毎日、ただジョギングの途中で挨拶をするだけという「社会」の人も含まれます。

苦しい時に苦しいと言うのは、迷惑ではありません。お互いさまです。苦しいと言ったあなたは、次は相手の苦しいという言葉を聞けばいいのです。人間はそうやって助け合って生きるのです。

あなたが濃密な「世間」に生きているのなら、積極的にその人達に頼るべきです。そして、次に相手が苦しい時は、同じように積極的に受け入れればいいのです。それは「迷惑」ではなく、「お互いさま」です。一生、ケガもせず、精神も落ち込まず、体力も失わないと確信を持って断言できる人だけが、この「お互いさま」の輪から飛び出せばいいのです。

もし、あなたが薄い「世間」に生きているのなら、苦しい時に苦しいと言う時、あなたのできる範囲でポジティブに語ることが重要です。微笑みながら言う必要はありません。ただ、相手をただの「痰壺《たんつぼ》」や「感情の便所」にしないために、あなたができるギリギリのポジティブな言い方や表情で、苦しいと語ることが大切なのです。**生きていることが辛《つら》いと、それでも前を向きながら語ること。なんとかしたいと思いながら悲鳴を上げること。**そうすれば、相手は、薄い「世間」や「社会」に生きていても、あなたの苦しみを聞いてくれる可能性が高くなります。

「社会話」からエネルギーをもらう時

僕が提案している「社会話」は、その一番カジュアルな形です。激しく咳《せ》き込んでいる時に「風邪ですか。お大事に」と声をかけられ、さらりと通りすぎる背中に「ありがとう」と答えるだけでも、なんだか生きていく勇気をもらったと感じることがあるのです。

子供を産んだお母さんが、バスや電車の中で、中年の女性から「可愛いですねえ。幸せですね」と声をかけられるだけで、子育ての苦労が何日分か吹っ飛ぶこともあるのです。

すべて「社会話」です。

ツイッターやフェイスブックなどのSNS（ソーシャルネットワークサービス）で、会社の同僚や上司と突然出会うと、あまり良い気持ちはしない、という人も多いでしょう。

ネットという広大な世界で、いきなり、自分の「世間」と出会うからだと思います。

「世間」の人から声をかけられてエネルギーをもらうことはもちろんあります。けれど、相手が「社会」に住む人だからこそ、エネルギーをもらうこともあるのです。それが「社会話」の魅力です。見知らぬ人に声をかけられて嬉しいことがあるのなら、お互いさまであなたも見知らぬ人に声をかけあうことが素敵だと、僕は思っているのです。

一人で抱え込まないで話してみること。話してみなければ、相手がどう思うかは分からないのです。「世間」は中途半端に壊れたと、繰り返しこの本で書いています。同じ価値観であなたと相手は生きてないのです。相手がどう反応するか、どう思うかは言ってみないと分からないのです。

レッスンのポイント

・「人に迷惑をかけない」とは、どういうことか考えてみよう。

・人は一人では生きていけない。苦しいときには苦しいと言ってみよう。
・他人の「苦しい」という言葉に耳を傾けてみよう。

3　ホスピタリティーということ

思いやりのスタイルが変化している

'hospitality'という英語があります。ホスピタリティー、おもてなしと訳されています。

日本人の「おもてなし」は、相手の心を先読みして、相手が喜ぶことを言われなくてもすることとです。昔、日本人が共通の価値観で生きていた頃は、それが可能だったのです。

旅館では、ドアに鍵をかけていても夕食から戻ってくると布団《ふとん》が敷《し》かれています。朝、まだ寝ていても「おはようございます」という声でドアが開きます。朝食の後に部屋に戻れば、もう布団は上げられています。それはすべて「おもてなし」です。

相手が「次に何を求めているか？」を考え、先回りする日本人の美学です。

けれど、それを「勝手に部屋に入って来られるのは嫌」とか「強制的に起こされるのは我慢できない」とか「プライバシーがなさすぎる」と感じる日本人が増えてきました。それはつまり、日本人が次に何を求めているのか、バラバラになってきたからです。今まで説明してきた、「世間」が壊れかけた状態です。

旅館側は「おもてなしの心」と考えていますが、だんだん日本人は「旅館のルールに従う」ことだと考えるようになりました。勝手に部屋に入られてもいいように下着類は隠しておくとか、旅館に泊まったら朝眠いのはしょうがないとか決めて、それでもいいのなら旅館を選ぶということです。

「世間」のない外国では、'hospitality'とは'friendly'フレンドリー、友達のようなつきあいということです。

何をして欲しいのか気軽に話せて、気さくに実行できる関係ということです。なぜなら、文化が違うのですから、いくらこっちが気を回しても、それが本当に相手が求めていることかどうか分からないのです。

それが海外の一流ホテルの哲学です。

フロントに「〜が欲しい」と電話すれば、たいていの物は用意されている。「〜について知りたい」と言えば、スタッフがちゃんと情報を提供する。相手が求めているものを、じつに気さくに気軽にフレンドリーに提供する。それが最高のホスピタリティー、おもてなしなのです。

相手が使うかどうか分からないブランドのシャンプーやローションを先に洗面所に用意することは、「おもてなし」ではないのです。それは相手の好みや嗜好《しこう》を無視することなのですから。

そして、用意してもらったものが自分の期待しているものと違った時、これまた簡単に「違います」と言えることが、フレンドリーということです。それが、共通の価値観に生きてない者同士が、親密な関係を作ろうとする時に大切なことなのです。

日本人もまた、「相手の心の中を読む」思いやりのスタイルから、「相手が求めているものを気軽に問いかけ、やりとりする」思いやりのスタイルへと転換《てんかん》せざるを得ない時代にきているんじゃないかと僕は思っているのです。

それは、しょうがないというより、避けられない流れだと考えているのです。

レッスンのポイント

・相手が求めているものを気軽に聞けて提供できるのがホスピタリティー。

・大切な相手にフレンドリーに接し、問いかけてみよう。

4　怯《おび》えること

話してみなければ分からない

僕が29歳で初めて商業映画の監督をすることになった時、プロデューサーから「映画作りにとって大切なことは、10代後半から70歳前後まで100人近くいるスタッフの一人一人と、一晩、美味しい酒が飲めるかどうかということなんだよ」と言われました。

「君の頭の中には、面白い映画のアイデアがあるんだろう。それは疑っていない。だから、君を監督に指名した。けれど、それを実現するためには、幅広い年齢のスタッフの力が必要なんだ。彼らにそっぽを向かれて、才能があるのに空中分解した現場はいくらでもあるんだよ」とプロデューサーは酒を飲みながら続けました。

「語りたい思い」と「伝える技術」の違いを、そして映画を撮るために「交渉《と》する」ことは、この2つによって成り立っているんだと教えられたのだと思います。

いざ、映画の撮影が始まれば、100人近いスタッフが、常に監督に指示を求め、衣装はこれでいいのか、カメラの位置は、小道具は、メイクは、ヘアスタイルは、照明は、俳優の立ち位置は、演技は、と聞かれ続けました。

科学の実験ではないので、絶対の基準があるわけではありません。カメラの位置はここがいいと「思う」だけです。「次、カメラ、ここ!」と叫んで、カメラマンから「えっ? そこ? こっちでしょう!」と言われることもあります。

次のシーンを効果的に撮るためには、カメラを主人公側に置いて敵の顔を撮った方がいいのか、敵側に置いて主人公を撮った方がいいのか、その場合、主人公のアップがいいのか、敵に身構える上半身がいいのか、頭から足までの全身がいいのか、そこに絶対の基準はありません。

カメラマンは自分の経験と計算から、カメラはここに置くと主張します。監督もまた、自分の狙《ねら》いと設計から、いや、カメラはここだと主張するのです。

その時、まずすることは、監督というプライドをいったん置いて、カメラマンと「カメラをこっちに置くということは、次のカットは何がテーマだと思っているの?」と話し合うことなのです。

「主人公の怒りの表情がテーマなのか?」「主人公の怒った肉体か?」「憎しみの敵の

顔か？」「主人公を取り囲む敵の数か？」「主人公の怒りの瞳か？」「主人公の握りしめた拳か？」……**とにかく、話すのです。**

「そんなことも分からないの？」という侮蔑《ぶべつ》の表情をするカメラマンもいます。いますが、話してみないとコミュニケイションは始まらないのです。バカにされたくないから、そういう表情を見たくないから、質問せずに「いいや、カメラはここなの！」と叫ぶのは簡単ですが、それではクオリティーの高い作品は創れないのです。

そして、質問した結果、あきらかにどちらかの方が正しいと結論が出れば問題はありません。物語をちゃんと描写するためには、次は「敵の顔」が必要と分かれば一件落着です。

けれど、残念ながら、どちらもあり、どちらも正しいということも、珍しくないのです。

「悩む」ことと「考える」ことは違う

二十代は、「議論をちゃんとすると、どっちがいいか分かる」問題にぶつかってきたような気がします。

こんがらがった糸を粘《ねば》り強くほぐし、お互いの言い分をとことん検討し、もしくは2つのアイデアのメリットとデメリットを徹底的に比較することで、どっちがいいかとかどっちを選択《せんたく》すべきかが見えてきたのです。

もちろん、それは簡単には分かりませんでしたが、他人の噂話《うわさばなし》やイメージだけで判断するのではなく、直接当事者と具体的に繰り返し話すことで明確になってきたように思います。

そうなれば、あとはチンケなプライドやわだかまり、こだわりを捨てて、その結論を選べばいいだけでした。その後、必要なのは、そのプランを実行する勇気としたたかさ、でした。

それは**「悩むことと考えることを区別して、ちゃんと考えることで結論が出る問題」**ということです。

悩むことと考えることは違います。『孤独と不安のレッスン』（だいわ文庫）で書きましたが、悩むことは何時間続けても、何も前進しません。考えることは、何時間か考えれば、なにか得るものがあるのです。

意見が対立した時、「あー、どうしよう。もう終わりなのかなあ。もうダメだあ。もうやっていけない」とグダグダするのは、悩んでいるのです。これを何時間続けても、何も得ることはありません。

けれど、「対立点はいくつあるんだ？　そのうち、こっちが譲《ゆず》れるのはどれだ？　絶対に譲れないのはどれだ？　相手が絶対に譲りたくないと思っているのはどれだ？」と考え続ければ、解決の糸口が見えてくるのです。

けれど、三十代になって、「**悩むことと考えることを区別して、ちゃんと考え続けてきたんだけど、どっちがいいか判断できない問題**」に出会うようになりました。

後輩や部下の時代は、やり方がまずくてうまくいかなかった時は、先輩や上司から優《すぐ》れたやり方を教えてもらったり、勉強したりすればなんとかなったのです。けれど、年を重ねていくと、そうとは言えなくなって来るのです。

ある事業や計画を効率的に進めるにはどうしたらいいか、という問題は考え続ければ解答ができます。けれど、その事業や計画そのものを続けた方がいいのか、もうやめた方がいいのかは、考え続けても「間違いのない正解」は出ないのです。

ある事業部門をどうすれば効率よく運営できるか、どうしたら利益が上げられるかは、やり方そのものが対立しても、進むべき方向は見えます。けれど、その事業部門そのものをこれから先も続けていくべきなのか、5年後10年後も間違いなく利益を生む部門なのか、ということは、考えても考えても、これが正しいという揺《ゆ》るぎない結論が出てこないのです。

どちらの結論を選んでもプラスとマイナスがある。プラスとマイナスは、将来的にはどっちが多くなるか、現在の時点では予想がつかない。そういう問題です。自分の意見と相手の意見、どっちが最終的に正しいか分からない――そういう前提で議論をすることが珍しくなくなるのです。

怯えることはあたりまえ、ととらえる

『ねらわれた学園』や『転校生』で有名な大林宣彦《おおばやしのぶひこ》監督にインタビューした時に、大林監督は「監督というのは、現場でいつも怯《おび》えていますよ」と仰《おっしゃ》いました。

カメラマンが「カメラ、ここ！」と構えているのに、「いいや、カメラこっち！」と指示を出している時、監督は内心、怯えているというのです。

僕は大林監督ほどの功成り名を遂《と》げた人が、60歳を越してなお、「怯えている」という言葉を使ったことに衝撃を受けました。

僕は『水の旅人　侍ＫＩＤＳ』という映画のメイキングで１００日近く大林監督の傍《そば》で記録ビデオを回しました。その時、大林監督が怯えていたとは少しも感じません

でした。

けれど、「怯えている」と語った大林監督は、本当のことを仰っていると直感しました。正直に、自分の胸の内を僕に語ってくれていると感じたのです。

つまり、**「怯えている」ことと、「指示がぶれること」は別なんだ**と、僕は理解しました。大林監督は、内心、怯えていても、指示をためらい、迷うことはなかったのです。

交渉しながら、「本当にこれでいいのか!?」と迷い、怯え、戸惑うことはあります。けれど、それと、指示を迷い、混乱した指示を出すことは別なのです。

あなたの内心の混乱や怯えは、あなたの指示が具体的に混乱しない限り、周りには分かりません。どんなに内心、焦っていても、体の重心を下げ、ゆっくりと低い声でしゃべっていけばいいのです。

思い返せば、大林監督は現場でじっと黙っている瞬間がありました。あの時は、内心の怯えを抑えながら、ゆっくりと言葉を選んでいた時間なんじゃないかと感じるのです。

レッスンのポイント

・悩むことと考えることを区別することで解決する問題かどうかを判断する。
・「怯えること」と「指示がぶれること」の違いを理解する。
・今、抱えている問題を自分は「考えている」のか、「悩んでいる」のか、じっくり見つめてみよう。

5　「交渉する」身体

丹田を相手に向けエネルギーを放射する

「交渉する」身体は、基本的に「聞く」「話す」身体と同じです。

ただし、「聞く」「話す」以上に、身体の重心を下げ、落ち着くことは重要でしょう。「聞く」「話す」では緊張しにくい人も、自分の意見を否定されたり、真っ向からぶつかって来られたりしたら、パニックになったり、舞い上がったりする可能性が高いからです。

反論しようとして、思わず感情が昂《たかぶ》り興奮する時こそ、身体の重心と声を低くすることが大切です。あなたはケンカを売ったり、戦ったりするのではないのです。「交渉する」のです。

ただし、相手が激しいエネルギーをぶつけてきた場合は、あなたも全身でそれを受け止め、跳《は》ね返す必要があります。

丹田を相手に向け、丹田から相手にエネルギーをまっすぐに放射するイメージを持って下さい。

外国人だと、激しい勢いで握手を求めてくる場合があります。相手が力強く手を差し出したら、ひるまずに、こちらも勢いよく握手の手を差し出して下さい。そのまま、エネルギッシュに上下に動かします。

たいてい、欧米の人達が、エネルギッシュな握手を求める時は、観客がいる時です。関係者だったりマスコミだったり同業者だったり部下がいて、その人達に対して「私は交渉の主導権を握っている」とアピールするために、パワフルな自分を演出するのです。

こっちは忍者の国・日本なんだと、「柳に風」と受け流す方法もありますが、多くの観客は、そのエネルギーに勝敗を見てしまうのです。

無理のない範囲でがんばって、エネルギッシュな身体を演じるのがいいと思います。

伝える技術を磨くのにうってつけの「ディベート」

アメリカ人だと、「ディベートが好き」と公言する人は一定数います。議論がぶつかることに興奮する人達です。日本人は、いるとしてもごく少数でしょう。

ちなみに、「ディベート」というのは**「語りたい思い」**より**「伝える技術」**に注目するものです。「タバコを法律で禁止すべきか？」「死刑は廃止すべきか？」というようなテーマを、賛否の立場を途中で入れ替えながら議論をするのです。「語りたい思い」より、相手の議論をどう論破するかという「伝える技術」が磨かれていく方法なのです。

メリットとしては、自分の意見を相対化して見られるので、「伝える技術」を磨くことに集中できます。デメリットは、立場を入れ替わることで「語りたい思い」にはあまり重きを置かなくなることです。

実際の生活では、「語りたい思い」が溢《あふ》れることは、とても大切なことです。この部分が薄いまま、議論を続けると、「言葉をもてあそんでいる」とか「議論のための議論になっている」と感じるのです。

ただし、「語りたい思い」が溢れすぎて、「思っていれば通じるんだ」とか「言葉はいらないんだ」と考えるようになってしまっては、元も子もありません。

議論が好き、ということは、「社会」の中で戦うことが好きということです。何度も繰り返しますが「社会」は、「他人に迷惑をかける人もいれば、かけない人もいる」という世界です。あなたの敵もいれば味方もいるのです。「世間」のように巡りめぐれば全員が味方、ではないのです。

「社会」で議論することは、敵や味方と「交渉する」ことです。それは「迷惑をかける」という次元とはまったく関係のないことなのです。

あなたにはあなたの事情がある。相手には相手の事情がある。あなたと相手がどんなに誠実で、どんなに良い人で、どんなに優しくても、あなたの事情と相手の事情はぶつかります。お互いが人生に誠実であればあるほど、ぶつかります。それは当然であり、日本人的に言えばしょうがないことなのです。

それがコミュニケイションです。そこから逃げることはできないのです。

レッスンのポイント

・交渉するときは、重心を下げ、声を低くゆっくりと。丹田を相手に向けよう。

・「語りたい思い」と「伝える技術」。自分はどちらを大切にしていることが多いか、考えてみよう。

6　素直に聞く

険悪《けんあく》になったときほど「素直に」聞く

相手と対立した時、まずは「素直に聞く」ということは重要です。

「あなたともう一緒にはやりたくない」と言われたとしたら、まずは、「どうしてですか?」と聞くのです。相手が感情的になって「やりたくないからやりたくないの!」と叫んだり、「いちいち言わないと分からないの!?」と投げ捨てられても、「分かりません。教えて下さい」とさらに「です・ます」調で聞くのです。

対立が明確になってくると、険悪なムードが漂《ただよ》って、なかなか、素直に質問できなくなってきます。よく「言ってもムダだから」とか「こう言うときっとあの人はこう言うんだよね」とか「あいつはきっとこう考えてるんだけど」と、交渉の途中でつぶやく人がいますが、それは聞いてみないと分からないのです。

こっちが、勝手に相手の事情を想像して、勝手に戸惑ったり落ち込んだりムカついたりするより、**まず、素直に聞けばいいのです。**

素直に聞くと、どんどん情報がたまります。相手はどうして私ともう一緒にやりたくないと思っているのか。私のどこが気にいらないのか。それはいくつあるのか。そのうち、決定的な理由はどれなのか？　譲《ゆず》れる理由はあるのか。絶対に譲れない理由はあるのか。私が直せることで決定的な理由はあるのか。私が直せないことで決定的な理由はあるのか？　具体的な情報がたまれば、交渉できるようになるのです。

じつは「素直に聞く」というのは、プライドの問題だったりします。対立している時に「どうして、もう私と一緒にやりたくないの？」と聞くのは、まるで自分が相手より一段低い人間になるようなイメージがあります。

部下が上司に聞くのは、「質問するのは当然」という雰囲気がありますから大丈夫ですが、対等な者同士や上の立場の人が下の立場の者に素直に聞くのはなかなか難しいのです。（ただし、部下が上司に聞く場合は、「こんなことを聞いて怒られないか」とか「バカだと思われないか」という別の難しさがあります。）

けれど、コミュニケイションのためには聞くことです。

「このやり方はダメですよ！」と部下や後輩に叫ばれた時に「なにを！」とか「生意

気な！」とかではなく、「どこがダメなんだと思うの？」とか「具体的にダメな場所を言ってくれないか？」と聞き続け、判断できる情報を集めることが重要なのです。

目上の人や上司の場合も同じです。怒られる恐怖やバカにされるかも、という怯えやプライドを捨てて、聞くのです。そして、適切な情報を集めるのです。

レッスンのポイント

・素直に聞いて具体的な判断情報を集めることが、交渉の大切なこと。
・自分は素直に聞いているか、考えてみよう。

7 説得の方法

相手によって言い方を変える

僕が22歳で劇団を作って、俳優達を演出し始めて最初に気づいたことがありました。それは、**「人は人を説得する方法で説得されやすい」**ということです。

情熱的に人を説得している相手には、情熱的に説得すると成功する。理論的に人を説得している相手には、理論的に説得すると話がうまくいく。とにかく情で人を説得している相手には情でアプローチするとうまくいく。

人間と深くつきあう演出家という職業について、最初の発見でした。

それからは、注意深く、その俳優が他人にどうアプローチし、どう説得しているかを観察しました。そして、その人と同じやり方でその人に話しかけました。

僕はどちらかというと理論的に考えるので、自然に話し始めると理論的になってしまいます。理論的に人を説得している人にはあいますが、情熱とか勢いで人を説得している人にはあいません。

そういう時は、情熱や勢いで人を説得している人が、どう理論を無視して、どう理論を乗り越えて人を説得しているかを観察し、身につけました。もちろん、得意不得意はありますが、なるべくたくさんのサンプルを収集して、情熱的な説得の言葉を集めました。


つまり、演出家として、同じことを俳優に言う時に、**相手によって言い方を変えないといけない**んだと発見したのです。理想的な演出家というのは、10人の俳優がいたら、同じことを10通り言える人のことだと思ったのです。

もちろん、どんな俳優にも、自分の信念として同じ言い方しかしない演出家もいらっしゃいます。が、僕は、そういう人は、あまりいい演出家ではないと思っているのです。

例えば、本番前、緊張でガチガチになっている俳優がいるとして、「リラックスして」としか言えないのでは有能な演出家とは言えないんじゃないか、ということです。

それはこれから重要なプレゼンを前にした部下に声をかける上司とか、試合を前に緊張している後輩に声をかける先輩、と同じシチュエイションでしょうか。

そういう時、とにかく、相手の緊張を取るために、「肩の力を抜いて」「体の重心を下げて」「今晩、何食べたい?」「恋人とうまくいってるの?」「いやあ、昨日、こんなことがあってさ(と、自分のドジ話)」「今晩、焼き肉と寿司、どっち奢《おご》って欲しい?」「大丈夫。お前はやるだけのことをやったんだ」「人間は失敗する生き物なんだ。問題は失敗した後、どうするかなんだ」「死んだつもりでやってこい!　死体の処理は任《まか》せろ!」……**どれが正解なのかは、そう話しかけた相手の反応が決めてくれます。**

ある人物に有効な言い方が、別な人物に有効とは限りません。それを見極め、ではどんな有効な言い方があるのかと探し、言葉を増やしていくのが、有能な演出家、つまりはコミュニケイション上手な人だと思っているのです。

レッスンのポイント

・人は人を説得する方法で説得されやすい。
・自分は、どんな言い方で説得されやすいか、考えてみよう。
・相手を観察し、その人に有効な言い方を探し、言葉を増やしていこう。

8 「Yes、but〜」の法則

とりあえず受け入れよう

相手の言葉に対して、「yes、but〜」の法則で答えることは重要です。

これは、演劇の練習でアドリブを発展させていく時の原則なのです。

相手の言葉に対して、なんでもいきなり否定するのではなく、一応、「イエス」と受けて、その後に「バット」と自分の意志を付け加えるという話し方です。

「これから飲みに行かない？」と言われて「すみません。ダメなんです」と答えるのではなく、「いいですねえ。でも、仕事がまだ残っているんです」と、一応、肯定から入れれば、結果的に断ったとしても相手は悪い気持ちはしないでしょう。

「このデザインは無意味です。変更しましょう」と言われたら、

「なるほど。このデザインに意味がないと感じるのですね。でも、デザイナーには狙いがあるはずなんですよね」と、一応、うなづいてから返す。

「もうあなたと仕事をしたくないんです」と言われたら、「そうですか。私と仕事をしたくないんですか。でも、私はあなたとまだ仕事をしたいと思っているんですよ。どうして私と仕事をしたくないんですか?」と話を続ける。**自分と相手の意見が対立している時に、いきなりの否定で始めず、とりあえず、相手の言葉をうなづき、受け入れ、それから自分の意志を語る、という方法です。**

まったく肯定することが見つからなければ「なるほど。××という意見なんですね」と相手の言葉を繰り返すだけでも、相手は「一応、話を聞いてくれている」と、態度を軟化《なんか》させます。

この場合、「Yes」は、肯定の意志表示というより、日本語の「はい」という「うなづき」や「あいづち」に近いと考えるのがいいでしょう。

「聞く」の章で紹介した**「うなづき」「あいづち」「言いかえ」「繰り返し」**を多用するのが「Yes、but~」の法則の発展形です。

相手が興奮したり、はっきりと怒っている時は、相手の意見に「なるほど」とうなづき、相手の意見を「~と思われるんですね」「ということなんですね」と繰り返したり、言いかえる時間をたっぷりと取ります。決して相手の意見を肯定するわけではなく、「私はあなたの意見を聞いている」という表明と、「あなたの感情を理解しています」という「ペーシング」を続けるのです。

やがて、言いたいことを言ったと相手が感じれば、怒りの感情は続いていても、興奮は治まってきます。ちなみに、カスタマー・センターにかかってくる怒りの電話は、オペレーターがうまく対応すると平均20分で落ち着くそうです。最低20分は「ペーシング」をするようにとマニュアル化されています。

ここからが交渉の始まりです。

徐々に、「Yes」の反応の後に、「but～」を混ぜて下さい。

最初から否定した場合や、興奮したまま「Yes、but～」の法則を使った場合よりも、ずいぶん相手の態度は軟化し、話しやすくなっているはずです。

ちなみに、この場合の「うなづき」や「あいづち」「言いかえ」「繰り返し」が「聞く」の章と違うのは、本心としては、明確に相手の意見に反対していると思っていることです。相手に気持ちよく、たっぷりと話させるために、「聞く」テクニックを使うのではなく、相手の感情を吐き出させ、いったん落ち着かせるために、このテクニックを使うのです。

あなたは自分が全面的に間違っていると思わない限り、相手に全面的に降伏すると決めてない限り、相手の興奮を冷ました後、粘り強く、「Ｙｅｓ、ｂｕｔ～」の法則を使って、相手と交渉を続けるのです。

まずは小さな要求を出して本来の要求へ

社会心理学的な手法で説得術を解説している本に必ず書いてある2つの方法も一応紹介しておきましょう。

僕自身はあまり積極的に使ったことはありません。使って有効かどうかより、知っておくことは、このテクニックに惑わされないために重要なことだと思います。

ひとつは、**「フット・イン・ザ・ドア」**テクニック。セールスマンが、小さく開いたドアに足を入れて、まずは小さな要求を聞いてもらい、やがて、本来の要求に進む方法です。

Ａ「１０００円貸してくれないかな」
Ｂ「（１０００円ぐらいなら）いいよ」
Ａ「あ、やっぱり、５０００円、貸してくれないかなあ」
Ｂ「５０００円？　まあ、いいけど」

A「あ、悪い。1万円貸してくれるかなあ」
B「しょうがないなあ」
……というような例です。
最初に1000円でオッケーしてしまった結果、金額が増えてもなかなか断りにくいのです。
A「だれか1時間、残業してくれないか？」
B「1時間ぐらいならいいですけど」
A「ありがとう。ひょっとすると2時間になるかもしれない」
B「……分かりました」
……というケースもあります。
どちらも、いきなり「1万円貸してくれない」「2時間残業してくれないか？」と言うと断られるケースが多いでしょう。まずは低い所、受け入れられやすい所から始めて、やがて、本来の目的の要求につなげるのです。日常で、無意識にこのテクニックを使っている人は多いかもしれません。とても言いにくい要求だから、もっと言いやすいことを自然に選んでいる、というケースです。
相手が反対している提案に関して、「まずは、一回だけやってみようよ」とか「正式決定する前に、アンケートだけ取ってみない?」とハードルを下げる方法です。

相手が最初の一歩を始めれば、その後、続けるのは比較的簡単になります。

また、まったく取りつく島もない相手に、「とりあえず食事をご一緒に」というのも、このテクニックです。仕事の提案はまったく受け入れなくても、食事の提案を受け入れるだけでも、人は態度を徐々に変えていくものなのです。

最初に無理な要求を出して本来の要求へ

このテクニックと正反対なのが、「ドア・イン・ザ・フェイス」テクニックです。

まず、いきなり、「50万円、貸してくれないかな?」と聞きます。相手がびっくりして「無理だよ」と断れば、「じゃあ、申し訳ないんだけど1万円、貸してくれない?」と続けます。

「今日、仕事で徹夜してくれないか?」「無理です」「じゃあ、2時間、残業してくれないか」と話すのです。

まずは、相手が無理だと思う大きな要求を出します。相手が驚き、拒否したら、落《らく》胆《たん》した顔と共に、本来の要求を出すのです。

悲しい顔を見せることで、相手に罪悪感を生ませることと、間髪《かんはつ》を入れずに次のレベルの要求をすることで、「その程度なら、まあ、いいか」と思わせるテクニックです。ちなみに、「shut the door in the face　顔の前でぴしゃりとドアを閉める」というイディオムが元になっています。あきらかに拒否されるハードルの高い依頼を最初にして、その後、要求を下げるわけです。

このテクニックは、日常生活では意識しない限り使うことはあまりないでしょう。問題のある人を部署異動させようとする時、そのまま「××部署へ行ってくれ」と言うとモメそうな場合「××地方支社へ行ってもらうかもしれない」と事前に言っておいて、直前になって、「支社への異動ではなく、××部署に行ってもらうことになった」と告《つ》げるケースです。相手は「××地方に行かなくてよかった」とホッとして、部署異動を受け入れる可能性が高まるでしょう。

レッスンのポイント
・Ｙｅｓ，ｂｕｔの法則を理解しよう。
・要求の２つのテクニックを日常で使っている人を見つけてみよう。または、自分で使ってみよう。

9　サブ・テキスト

相手の言葉にならない言葉を知る

「聞く」の章でサブ・テキストを紹介しました。

「交渉する」時は、相手が本当は何を思っているのかという「サブ・テキスト」を探ることはより重要になります。相手の声にならない声に耳を傾け、相手の言葉にならない言葉を知ることが、交渉ではとても大事です。**人間はいつも全てを語るわけではありません。**

典型的なのはいじめられている子供の言葉でしょうか。

子供「なんか、学校行きたくないんだ」
親　「どうして？」
子供「うん。体調が良くなくてさ」

親「熱でもあるの？」

子供「ううん。ちょっと疲れたのかな。体がダルいんだ」

次の日、もう体調は大丈夫だろうと振ったら、こんどは勉強が分からないという話になるかもしれません。その次の日は、苦手な先生がいるという話題になるかもしれません。次の日はまた体調の話に戻るかもしれませんが、「自分がいじめられている」という話はなかなかでません。それは、もちろん、一番、言いにくいことだからです。

相手と話していて、相手が言っていることに一応の対応策を出しているのに、相手の反応が薄い時は、相手の言いたいことはそのことではないかもしれないと考える必要があります。

勉強が分からないという相手に、じゃあ、家庭教師か塾か通信教育かと話題を振っても、相手の反応がぼんやりとしている時は他に原因があると思った方がいいでしょう。

仕事の相談を持ちかけられて、一応の解決作を提案しているのに、相手の反応が鈍い時は、**相手が言いたいことはそのことではない**と考えるべきです。

その場合は、これが本心かと推理する話題の周辺をなんとなく話してみるのです。例えば、ノルマがきついと言う相手に、いくら、ノルマの話をしても動かない時、例えば、「給料の問題」だと考えて「まあ、そんなつらい仕事は、ちゃんとした報酬がないとしんどいよねえ」とふってみる、などということです。そして、相手の目が一瞬輝き、話に乗ってくるようなら、相手は本当はそれが言いたいのだと分かるのです。

僕は昔「セリフの解釈が分からない」という女優さんを相手に、毎日、セリフの説明を続けたことがありました。何度説明しても、その人は納得せず、それじゃあ正式に時間を取ってと、別の日に3時間、えんえんとセリフの解釈を続けたのですが、彼女の顔は晴れませんでした。3時間たって、別れ際に「そういうセリフも相手次第ですもんねえ」とぽつりと女優さんは言いました。その瞬間にやっと僕はピンときました。セリフが問題なのではなく、相手役が問題なんだということに。この女優さんは、そんなことはおくびにも出さず、ただ毎日「セリフの意味がよく分からない」と言い続けていたのです。

すぐになにげなく座り直し、「セリフは相手とのキャッチボールですもんねえ」と話し始め、なんとなく相手役の感想を聞き出し始めました。直接「相手役の人はどうですか？」と聞けば、「それはもうちゃんとやっていらっしゃいます」としか言わないのは予測がつきました。

遠回しに遠回しにいろんな話をしながら、この女優さんが相手役に対して激しい不満を持っていることが見えてきました。はっきり言えば、相手役を変えて欲しいと思っていることを感じたのです。

それでも、決して、この女優さんは自分の口からは言いませんでした。理由は、おそらく、直接口にして、騒ぎになって自分の責任問題になったら困るということや、相手役をダメ出しする俳優だという評判が広がったら嫌なことや、そもそも人の悪口を言いたくない、などでしょう。口にしたことは「このセリフの解釈がよく分からない」という言葉だけでした。

サブ・テキストが出やすい時とは

相手のサブ・テキストは、**別れ際**によく出ます。または、真剣な話し合いが一段落した**なにげない瞬間**です。逆に言えば、「さあ、本音を言って下さい」と身構えている時は出ません。

そういう意味では、「飲み会」の有効性はあります。

「ｃｏｏｌ　ｊａｐａｎ」に出演している外国人は、「新人歓迎会」や「忘年会」などは日本人の優れた習慣だとよく言います。「企業運動会」は素晴らしいと絶賛している外国人もいました。それらは、従業員同士が、お互いの知らない顔を知り、打ち解け、フランクに話す機会になるからです。問題は、「なにかあると社員同士で飲んでいる状態」だと言います。週に3日も4日も、同じメンバーで飲んでいて、新しい発見も新しい人脈も生まれるはずがないじゃないかと、外国人は理解できない顔をするのです。

たまに酒の席に誘い、相手のサブ・テキストを知ることは大切なことでしょう。

何度も相手が同じことを繰り返したり、あきらかにベターな提案に乗り気じゃなかったり、心ここにあらずのように議論に集中してないときは、**相手のサブ・テキストを探ってみること**が重要です。

レッスンのポイント

・対応策を出しているのに反応が薄い時は、相手のサブ・テキストを探ってみる。
・サブ・テキストが出やすい瞬間を知っておく。
・自分はサブ・テキストをどれぐらい話しているかどうか、考えてみよう。

10 「世間」の人と交渉する

濃密な「世間」での交渉の基本とは

自分の本心を言わないまま交渉を続けるのは、お互いが濃密な「世間」に生きている場合には珍しくありません。巡りめぐって、相手が自分の味方だと思っているので、「どこかで察《さっ》してくれるはずだ」とか「いちいち言わないでも分かってくれるはずだ」と思っているのです。

ここで、まず、濃密な「世間」における交渉の基本を書いておきます。

あなたが濃密な「世間」に生きていて、なおかつ、その「世間」のルールを破るつもりがない場合は（もしくは破れない場合は）**あなたの「交渉する」やり方は、世間の5つの特徴に沿ったもの**になります。

一つめは**「長幼の序」**に従って、基本的に議論の落し所、交渉の結末は、年長者の提案に従うことになります。

どうしても年長者の意見でまとまらない時は、年長者の顔を立てるという気配りが必要になります。

年長の人が、後進に道を譲るために自ら身を引いたとか、急に気が変わったと見せる必要があります。そのためには、周到な根回しが必要になるでしょう。

基本的に、集会や会議、寄り合いの時にはもう根回しをした結論が出ていて、ただ、年長の人の顔を立てるだけという計《はか》らいが必要になります。

また、二つめに、「持ちつ持たれつなんだから、そこをなんとか」という**「贈与・互酬の関係」**で結論を考える必要があります。

今回は、こういう結論になった。その借りはようく分かっている。次の時には、あなたにこの借りを返します——という発想です。

基本的に、利益は平等に配分されるのが「世間」です。今回、交渉の結果、ある結論に達しても、それは、長い目で見た順番のひとつ、と考えるのです。

三つめは、「大丈夫、悪いようにはしないから」と**「共通の時間意識」**で納得してもらうことです。

お互いは同じ時間を生きているのだから、今回、こういう結論になって納得できないかもしれないけど、将来的には絶対に悪いようにはしないから、未来の約束は保証するから、と説得するのです。

四つめは、「あいつらに負けたくないだろ」と**「排他性」**を強調することです。「あいつら」以外には、「よそ者」「あのチーム」「隣の部署」「ライバルの会社」などです。とにかく、自分達ではない集団に負けたくないと強調するのです。そうして、濃密な「世間」の一体感を強調し、結論を受け入れてもらうのです。

五つめは、「仕事ってのはそういうもんなんだよ」という**「神秘性」**でねじ伏せるのです。

「会社ってのはそういうもんなんだ」「それが組織なんだよ」「それが人生なんだよ」「無理偏《へん》に人間と書いて『先輩』と読むんだよ」「涙と共に飲み込むのが仕事なんだよ」などの論理を超えた「神秘性」で納得してもらうのです。

以上の「世間」の特徴を利用して、「世間」の中で「交渉する」と、成功する確率が高くなるでしょう。

弱みを見せる方法が有効な場合とは

また、濃密な「世間」では、あなたが「弱みを見せること」が、有効な「交渉する」方法のひとつになります。

「突然、涙を見せること」「まずは謝罪すること」「弱気を語って相手に頼ること」「不安げな表情を見せること」などが、相手の意見を変える有効な力になるのです。

そうすることで、相手はあなたと同じ「世間」に生きているという自覚を強め、同じ「世間」に生きる人間の窮地《きゅうち》を助けようという気持ちになります。

ただし、**相手が「社会」に生きている場合は通じません**から、気をつけて下さい。

企業の謝罪会見などで、泣きながら頭を下げている社長さんがいますが、それで「社会」の追及は収まらないと思っていた方が正解でしょう。

会社の会議なら、社長の涙は有効なはずです。「社長が社員の前で涙を見せた」「社長が素直に頭を下げた」は日本的な文脈なら有効です。また、年下が上の世代を説得する時にも、効果的でしょう。つまり、「世間」の文脈です。けれど、「社会」では通用しないと思っていた方がいいでしょう。

ただし、「社会」でも、親和《しんわ》的な「空気」が生まれた時は、「弱みを見せる」という方法は有効です。

お互いの立場が違って、同じ「世間」に生きているとは思えないのに、急に親しい雰囲気、フレンドリーな**「空気」**が支配的になった時間です。タイミングよく使えば、相手に自分の立場を想像させ、同情させる手段となります。結果、交渉を有利に進めることができるでしょう。

レッスンのポイント

・「世間」の5つの特徴を使って「交渉する」。
・「世間」では「弱みを見せる」ことが有効になる。
・「社会」でもフレンドリーな空気のときは、弱みを見せて交渉を有利に。

11 自分の武器を考える

あなたの武器は何ですか？

「世間」でも「社会」でも、「交渉する」時、**自分の武器**を考えることが必要です。相手を説得するための、自分の売り、得意技、利点はなんだろうということです。「交渉する」ことには「語りたい思い」と「伝える技術」があるんだと書きました。別の言い方をすると、**「内容」**と**「伝え方」**です。

あなたは相手の「内容」だけにこだわって議論しますか？　相手の「内容」はまったく問題ないのに、「伝え方」に問題があって反発することはないですか？

人間なので、内容ではなく、伝え方に問題があって抵抗を感じることは珍しくありません。逆に言えば、「内容」に少々問題があっても、あなたの「伝え方」が素敵《すてき》だと問題ではなくなる、ということも普通にあるのです。

あなたの「交渉する」時の、**「伝える技術」としての武器**はなんですか？

要所《ようしょ》要所で、（ロボットではない）本当の微笑みを見せる、というのはもちろん武器です。

話す時に、ちょっとしたユーモアを忘れない、というのも武器です。

相手の名前をちゃんと覚えて、何度も「山田さんのおっしゃるのも一理あると思います」「山田さんはどうお考えですか？」「山田さんの考え方には納得させられます」と相手の名前を繰り返すことができるのも武器です。

大きな目で相手の話をじっと聞き、しっかりとうなずく、という習慣も武器です。

実に的確に問題点を分析し、お互いの話を整理しながら話すのも武器です。

相手のジョークに腹の底から大きな声で笑うのも武器です。

なにげに、相手の体に触り、親近感を高めるアプローチを自然にできるのも武器です。

相手の感情に寄り添い、相手の話に大きく感情を動かし、涙ぐみ、嘆息《たんそく》し、喜び、相手にとことん話させるのも武器です。

相手の繰り返しの多い話を、長時間興味深そうに聞くことができるのも武器です。

どんなに相手が激昂《げっこう》しても、終始、冷静に会話を続けられたとしたら、それは武器です。

どんな話題もふんわりと受け止め、穏《おだ》やかに返すことができれば、それは武器です。

仕事の合間の「ムダ話」がとびきり魅力的なら、それは武器です。

あなたがとびきりセクシーなら、それは武器です。

あなたが若さで輝いていたら、それは武器です。

あなたが男性だとして、美しい手をしていたり、いい匂いがしていたり、セクシーな声だったりしたら、それは武器です。

交渉する相手を、常にとびきり美味しいお店に連れていくのなら、それは武器です。


あなたは「交渉する」時にどんな武器を持ちますか？　武器は生まれついてのものもあれば、努力や経験で手に入るものも多くあります。「交渉する」武器は何百、何千種類とあるのです。

自分を客観的に見られるか

どうやったら、自分の武器を見つけることができるのでしょうか？

あなたの武器は、あなたが自分を客観的に見ることから生まれます。

自分で「笑顔が武器だ」と思っても、あなた自身の笑顔が他人と比べて素敵でなければ、それは武器にはなりません。本人が「的確に問題を分析している」と思っても、他人から見たら、まったく的外《まとはず》れかもしれません。

あなたが自分を客観的に見るためには、**残念ながらあなた一人では無理です。**あなたは、最低限もう一人の判断によって、**「自己イメージ」**を客観的にしていくのです。

中年の男性に可愛がられ、交渉が比較的スムーズにいく若い女性がいました。本人は、若さに負けないで、いろいろと提案をしているから交渉は進むんだと思っていました。けれど、中年の男性達が彼女を受け入れたのは、そのエネルギーでした。逆に、小理屈を言う部分は困るけれど、その熱に未来を託《たく》そうと思っていたのです。

彼女自身が考える武器と相手の感じていた武器がまったく違う例です。

自分の武器がまったく分からない場合は、**「私のいい所はどこだと思う？」と素直に聞く**という方法があります。「そんなのないよ」と軽く答えられてしまう相手には質問しないこと。

たった一人、あなたに親身になってくれる人に聞くのです。当然、あなたも相手に親身にならなければいけません。

ただし、たった一人に自分の全部のイメージを聞くのは無理だと思います。仕事の力量ややり方を客観点に判断してくれる人と、あなたのファッションセンスを判定してくれる人は、一般的には別人のことが多いでしょう。

完全に受け身で質問するよりは、まずは自分なりの「自己イメージ」を持って、それを修正する意味で質問する方が、有意義なレッスンになります。

例えば、自分の笑顔に自信のある人なら、「私の笑顔はどう？　使えると思う？」と聞くのです。「まあ、普通」と答えられたら、普通なんだと受け入れましょう。

難しそうですが、**自分を客観的に見るセンサーを作る**までは、何度も質問し、修正する必要があります。が、一度、このセンサーができると、ずいぶん、楽になります。

それは、有能な俳優の育ち方と同じです。最初、俳優は演技に一生懸命で、つまり、どう動くか、どうしゃべるかということに必死で、それを観客がどう受け止めるか、ということを考える余裕はありません。自分のことに精一杯で、何が魅力的かまるで分からないのです。ただ思った通りのことを力一杯やるだけです。

ですが、やがて、余裕が出てくると、周りの反応を確認したり、聞いたりすることができるようになります。そして、周りの感想を知ることで、魅力的な言い方、動き方をだんだんと身につけていくのです。

あるレベルになると、いちいち聞かなくても、周りの反応をはっきりと感じられるようになります。がんばり過ぎると、観客はさぁーっと引き、じゃあ楽にやろうと思って力を抜き過ぎるとやっぱり観客は引くのを感じるのです。その繰り返しの中で、ベストな言い方、やり方を発見するのです。

そして、最後には、舞台で演じながら、もう一人の自分が客席から見つめている、という状態になれるのです。どう動けば魅力的で、どう話せば説得力があるのか、自分で動きながら同時に分かるようになるのです。それは、動きや発言、魅力の出し方を周りの意見や反応を手掛かりにずっと微調整《びちょうせい》を続けてきた結果です。

俳優だけが特殊なのではありません。

同じメカニズムで人は「自己イメージ」のズレを修正していくのです。

「ああいう言い方は、ものすごく偉そうに感じる」とか「あの言い方は自信がないように見える」とか「あの時の笑顔にホッとした」とかの周りの感想を聞いたり、反応を感じることで、人は、自己イメージと他人の見え方の差異《さい》を調整するのです。そして、他人の判断と自分の判断のズレを少なくしていくのです。これが、**「自己イメージが客観的になる」**ということです。

自分の姿をビデオに撮る、という方法もそれなりに有効です。ただし、それを自分だけで判断するのではなく、「この前の言い方、ものすごく偉そうに見えなかった?」と他人に確認することが大切です。自分だけだと、いくらビデオに撮っても客観的には判断できにくいのです。

ちなみに言うと、今は「自己イメージのズレ」が拡大されてしまう時代です。

仕事ができてもファッションセンスはまったくダメな人は普通にいました。昔なら、それはたいした問題にはなりませんでした。けれど、今、その本人の写真はブログやフェイスブックによって拡散するのです。

仕事ができるけど、ナルシズムの勘違いした人というのも昔はたくさんいました。それはそれで愛嬌《あいきょう》として終わりました。けれど、今は、自分がいかに仕事ができるかというナルシスティックなつぶやきが、ツイッターをはじめとしたSNSで拡大していくのです。ズレた「自己イメージ」がどんどん広がっていく時代なのです。

だからこそ、自己イメージを修正してくれる相手は貴重なのです。

「君の若さがいいんだよね」とか「お前はとにかく誠実に相手の話を聞くよね」とか「お前の熱さが素敵なんだ」とか、自分の武器になりそうな発言に敏感《びんかん》になるのです。

そして、それが他の人より優れたものなのか、交渉の場所で使えるのか、確認していくのです。

そして、うまく使えそうなものは、どしどしと利用するのです。

レッスンのポイント

・交渉における自分の「伝える技術」としての武器を考える。
・自分が獲得したい武器は何か、考えてみよう。
・何度も他人に質問し、修正し、自分を客観的に見るセンサーを作ろう。

12 メモと場所

自分の言い分を箇条書きにしてみよう

相手と対立し、うやむやで消化不良のままに1回目の交渉が終わった時、次に会う前に「**自分の言いたいことを書いてみる**」というのは有効な方法です。

特に、つい感情的になってしまう話題の時には、自分の言い分を整理することにもなりますし、予行演習として思わず感情が昂《たかぶ》り、だからこそ本番は慎重に対処できるというメリットがあります。

自分の言い分を箇条書《かじょうが》きにできると素敵です。もちろん、ただ、ダラダラと話すように書くだけでも、やらないよりはるかに意味があります。

その上で、自分の言い分を箇条書きにできたら、実際の交渉の時により役立つでしょう。

再び交渉する時に、混乱しそうになったら、うまくブレイクタイムを取って下さい。

一番簡単で有効な方法は、**「トイレに行く」**ことです。

何回もトイレに行っても全然、構いません。お腹《なか》をこわしているんだと途中で言い訳してもいいでしょう。

トイレに行って、深く深呼吸して、身体の重心を下げて気持ちを立て直して下さい。

自分の言いたいことを書いたメモをそこで確認するのも有効でしょう。

交渉に行き詰まったら環境を変えてみる

もし可能なら、あなたが慣れ親しみ、あなたがリラックスする場所を「交渉する」空間として選んで下さい。

いつも使う喫茶店、好きな公園、馴染《なじ》みのレストランや居酒屋、自分の会社の会議室、定宿《じょうやど》のホテルのラウンジ、などです。

間違っても、相手がいつも使っている場所にしないこと。

人間は、あなたが想像する以上に環境の影響を受けます。

もうダメだと行き詰まっても、例えば、窓を開けて新鮮な空気が入ってくるだけで、絶望の徹夜の後に昇る朝日を見るだけで、眼下に広がる大海原《おおうなばら》の香りに全身を包まれるだけで、気持ちは変わります。そして、新たなエネルギーがわいてきます。

交渉に行き詰まっても、馴染みの環境、好きな飲物、安心する風景なら、粘り強く闘おうとするエネルギーが出てくるのです。

レッスンのポイント

・自分の言いたいことを紙に書いてみる
・交渉に行き詰まったら、トイレに行って立て直そう。
・あなたがリラックスする場所を交渉の時は選ぼう。

13　質問の仕方

中途半端に壊れた「世間」で有効な質問の仕方

上司や先輩に対して質問をすると、「そんなこと、自分で考えろ！」と言われてしまうことがあります。

自分が濃密な「世間」に生きていると思い込むと、そう言って終わりにしがちです。

ですが、そう言われた人は、同じ「世間」に生きてないことが多いと書きました。

そういう時は、「〜と考えたんですけど、これでいいんですかね？」と、必ず、自分なりの解答を添《そ》えて質問します。

演劇の場合、「このセリフはどういう意味ですか？」と質問すると、「そんなことは自分で考えるんだよ！」と叫ぶ演出家さんがいまだにいます。

昔は、そう怒鳴《どな》って、それを見ていた中堅の俳優が「まあ、飲みに行くか」と誘い、「演出家ってのは、期待している人間ほど、冷たく当たるんだよ」なんてフォローしたものです。

けれど、もう劇団という「世間」は機能しなくなっています。昔みたいに、頻繁《ひんぱん》に飲みにはいかないのです。

会社も同じでしょう。昔は、きついことを言った上司が誘うこともあれば、中間にいる人達が怒られた新人を飲みに誘い、そこでいろいろと「生きる知恵」を与えることもありました。

けれど、そんな濃い「世間」のシステムは今はもうないのです。

怒鳴った方も怒鳴りっぱなし、怒鳴られた方も怒鳴られっぱなし、ということが普通に起こるようになりました。

そういう時代には、僕は俳優に、「このセリフは、悲しさの溜《た》め息という意味にも取れるし、怒りを抑えているようにも取れるんですけど、どっちですか？　それとも、他の意味ですか？」と、具体的に「自分はちゃんと考えているんだ」という例を出して質問するようにとアドバイスします。

会社や学校の場合だと「この作業は、来週の会議の前にやった方がいいんですか？　それとも、会議の後、クライアントの判断を待ってやった方がいいですか？　どちらもありだと思うんですが、どっちがいいですか？」と**具体的に自分で考えた意見を添**

えて質問するということです。

ここまで言って「そんなの自分で考えるんだよ！」と叫ぶ上司や先輩がいたら、それはろくなもんじゃないと思って間違いないです。そういう人間はダメな奴だと内心軽蔑《けいべつ》して、「でも分からないんです。どっちが正解なのか違うのか。それだけでも教えて下さい。お願いします」と食い下がりましょう。

それでも、教えてくれない場合は、本人にもきっと分かってないのです。

レッスンのポイント

・質問する時は具体的に自分で考えた意見を添えて。

14

「交渉する」4つのステップ

交渉では感情的になったらおしまい

賢いこととコミュニケイション能力が高いことは別です。当たり前のことですが、偏差値の高い大学を出ていたりエリートであることと、コミュニケイションの技術を身につけているかどうかはまったく関係ないのです。

賢くても、自分の感情を冷静に語れなければ、コミュニケイションはうまくいきません。

企業の重役やトップ、政治家など、社会的地位が高い人で、自分の意に染《そ》まない意見を言われるとすぐに感情を表情に出す人がいます。思わずムッとしたり、語気《ごき》を荒《あ》らげたりする人です。

アメリカの政治家は、「感情的になる人は、子供っぽい人」と思われますから、マスコミのインタビュアーに、かなりシビアな質問を受けても、穏やかに微笑みながら返事します。それが、その人の大きさを見せることになるからです。

どんな局面に立っても、感情的にならないで下さい。**「交渉する」時に、どんな形であれ、感情的になったら、それで終りです。**

と言って、感情を我慢したり、押さえ込めと言っているのではないのです。あなたは冷静に自分の感情を語る必要があるのです。

例えば、相手があなたの仕事を責めたとします。あなたにはあなたの言い分があって納得できません。

例えば、商品パンフレットを作る仕事だとしましょうか。相手は商品データを約束した期限までに出しませんでした。その結果、パンフレットの編集時間にしわ寄せが来て、あなたも当初のイメージに比べて不満足な結果になってしまいました。

相手は、結果に激しく不満な態度を見せて、当初よりかなり減額した金額を編集代金として提示してきました。

ここで大切なことは、「私は激しく怒っている」ということを冷静に伝えることなのです。

そのためには、まず――

4つのステップで

① 相手のしたことを具体的に説明します。

「データを出すのが遅れた」とか「約束時期を守らなかった」というような抽象的なことではありません。「6月10日にいただくはずだったデータをいただけたのは、6月30日でした。20日間の遅れです。結果、編集作業に、7月7日までの27日間予定していたのが、約4分の1の7日間になりました。20ページのパンフレットでは通常の編集作業としては、最低でも20日から25日が必要ですが、それを7日間でやらざるを得なくなりました」

② その結果、あなたにどんな影響をあったかを具体的に説明します。

「当初は、3人でパンフレットを作る予定でしたが、7日間しかないため、3人に加えて、当社の残りの全社員6人が参加し、それ以外にバイトを2名雇《やと》いました。そうしないと、7日間で完成しないからです。その結果、当社の他の業務が7日間、まったくできなくなり、大幅に仕事が停滞《ていたい》しました。その分、現在も休日返上で仕事を続けています」

③　現在の自分の感情を冷静に伝えます。

「27日間の予定を7日間に縮《ちぢ》めたのは、御社《おんしゃ》の理由です。7日間しかない中で、7日間なりのクオリティーで、当方は必死に締切りを守ったと思います。それなのに、ギャラを下げようと仰《おっしゃ》るあなたに対して、私は激しく怒っています」

④　冷静に自分の希望を語ります。

「この7日間は、ほとんど満足な睡眠をとることができませんでした。ギャラは、増すことはあっても、減らす理由はまったくないと思います」

……という4つのステップを踏むのです。

大切なことは、「終始、冷静であること」「とにかく具体的に語ること」「話がきわどい部分に入る時は、穏やかに微笑むこと」の3つです。

1つめの「相手のしたことを具体的に説明します」というのは、無理なことを言ったり、強引な交渉をする人は、自分の言っていることがどういうことか具体的に分かってないことが多いからです。

ただ、雰囲気でなんとなく理解して、「そんな無茶なことじゃないだろう」と思い込んでいる場合が多いのです。

そうではなくて、「あなたはこんなことを要求し、実行したんですよ」ということを客観的に語る必要があるのです。

強引なことを言ってない場合も、相手の要求を具体的に描写することで、お互いの客観的な状態を確認することになります。

大切なことは、具体的にかつ客観的に説明することなのです。

他の例で言うと——

散らかった倉庫を唖然《あぜん》として見ながら、「全然、できてないじゃないか！」と興奮してしまうと、相手は「忙しかったんだよ！」とか「これだけやってりゃ、なんとかなるでしょう！」とか「これでもがんばったんだよ！」とか、いろいろ言うでしょう。

そうではなく、「今日の夕方5時までに、倉庫を使いやすいように片づけると1週間前に約束しましたよね。でも、もう5時半ですが、まだ棚の3分の2しか整理されていませんよね」と伝えます。

大切なことは、この時、感情的な言葉を説明に加えないということです。

「全然片づいてなくて、汚いままじゃないですか。嘘つきですよね！」というような言葉は使ってはいけません。ただ、相手の「客観的・具体的」な行動だけを伝えるのです。

同時に、「散らかっている」とか「足の踏み場もない」とか「ホコリだらけ」とか、主観の要素が強い言葉も使ってはいけません。あなたの主観と相手の主観は違います。主観を語り始めると、間違いなく、お互いの交渉は決裂《けつれつ》します。

相手が納得しにくい言葉は使わず、「客観的・具体的」なことに集中して、相手が認めざるを得ないことだけを言うのです。

そして、その結果、自分がどうなっているのかを、押しつけがましくならないように気をつけながら語ります。

ステップ2です。

「私は、今日中に倉庫が片づく前提で、自分の資料を整理したんです。このままでは、私の資料を置く場所がなくて、私のデスクに置かないといけなくなります。そうすると、私は、机の上が使えなくて仕事ができません」

そして、ステップ3、自分の感情を冷静に語ります。

「私はもう悲しいです。倉庫をちゃんと整理すると約束して、その約束が実行されなかったのはこれで3回目です。3回も約束を破られると、もうどうしていいか分かりません。あなたと会話する気持ちがなくなってしまいました」


一番難しく、一番大切なことは、**「理性を失わず、感情表現をする」**ことです。簡単に言えば、ムッとしたり、怒ったり、泣いたりしないで、今、自分がどう感じているかを語るということです。

「今、私は怒っています」「悲しくてしょうがありません」「私は途方に暮れています」――これらの言葉を、理性を失わず、つまり、**冷静に言う**ことが大切なのです。

目的は、「感情の発散」ではなく、「感情の伝達」です。感情を発散させれば、一瞬はスッとしますが、事態は間違いなくもっとやっかいなことになるでしょう。事態をなんとかするためには、発散してはいけないのです。

そして、ステップ4、最後に冷静に、または軽く微笑みながら自分の希望を語ります。

「今日中に片づけることは可能ですか？　それとも、明日の何時までなら、整理は全部終りますか？　何があっても、明日のお昼までには片づけて欲しいんですけど」

この手順ができるようになれば、あなたはかなりの「交渉する」達人になります。興奮せず、粘り強く、この4つのステップを順番に実行してみて下さい。

感情的になったら、負けです。感情的になると、具体的・客観的に説明できなくなります。怒鳴《どな》りたい気持ち、焦《あせ》る気持ち、放り出したい気持ちをぐっと押さえて、4つのステップを実行するのです。

つらいでしょうが、がんばって下さい。4つのステップの間は苦しいかもしれませんが、交渉が成功した後には、怒鳴って得られる発散の喜びより、はるかに充実した大きな喜びが待っています。

レッスンのポイント

・交渉を成功させるには、感情的にならずに冷静に、４つのステップを踏もう。

15　本当の自分

自分の中にはいろいろなキャラクターがある

交渉が行き詰まってくると、「自分はこうとしか考えられない」と思うようになることがあります。だんだんとフレキシブルな対応ができなくなる、ということです。

そういう時、自分というものを固定的に考えるのをやめます。**「本当の自分なんかない」**、もう少し難しく言うと、**「自分は関係性の総体なんだ」**と思うのです。

なんのことかと言えば、たいていの人は、家庭での立場、仕事場（または学校）での立場、友人関係での立場、それぞれに人格が違っているはずです。家庭でしゃべるように仕事場でもしゃべり、その口調で友達とも話し愛人とも話す、なんて人はいないはずです。

社会的に生活すればするほど、人は人格が多様になってきます。逆に言えば、多様な人格を求められるようになります。

平凡な高校生活を送っていれば、求められる人格は家庭とそんなに違いはないでしょう。けれど、高校の部活動でキャプテンを務めるようになり、その部が全国大会規模の水準だったりしたら、そこで求められる人格は家庭とはまったく違ったものになるでしょう。

家庭を持てば、夫や妻が求める人格と子供が求める人格と職場が求める人格、それも上司と部下と同僚では違ってくるでしょう。さらに仕事を離れた友人関係が求める人格も違うでしょう。

当たり前だと思うかもしれませんが、それだけ違っているのに、私達はどこか「主体性」だの「人格」だの「キャラクター」だのの言葉に振り回されて、**「固有の自分」というものが存在するはずだ、存在しないとダメなんだと思い込んでいる**のです。

人によって態度を変えるのは、不道徳だという刷り込みもあります。どんな人が相手でも態度が変わらないのがいいことなのだと昔から教えられてきました。

それは、相手が偉かろうが偉くなかろうが、謙虚《けんきょ》に接することをほめられるのであって、相手がどんな人間であろうが一貫して尊大《そんだい》にふるまうことをほめられるのではありません。

つまり、「変わらず一貫していること」をほめているのではなく、「相手が弱い立場なのに謙虚にふるまうこと」をほめているのです。

家庭のあなたも、職場（学校）のあなたも、友人の前のあなたも、憧れの人の前のあなたも、全部、違っていて、すべて、あなたです。それらが全部「本当のあなた」であり、どこかに統一された「本当のあなた」がいるのではありません。そう考えれば、交渉する時、「自分は何を守っているんだろう」と考えられるようになります。ただ依怙地《いこじ》になっているだけなのか、今現在本当に必要な考えなのか、一方的な思い込みで言っているだけなのか、相対的に考えられるようになるのです。

場面場面で自分自身を演じている

知り合いの男性が、ものすごく緊張する面接の時に、心の中で「ショートコント・面接！」と叫んでからドアをノックすると言っていました。

じつに面白い方法だと思います。

心の中で「ショートコント・面接！」と叫ぶと、真剣度合いがひとつ、ゆるくなって緊張が減ります。ショートコントを演じているんだと思えば、応答の必死さも、必死ゆえに周りが見えなくなる感じも少なくなるでしょう。

「ショートコント・面接！」という言い方は、テレビで何回も聞いているので想像しやすいのでしょう。本当は、「ショートコント」にしてしまうと、どこかで「笑いを取らないといけない」と思って、過度にヘラヘラしてしまうかもしれませんから、「ショートストーリー・面接！」とか「ミニドラマ・面接！」「日本語スキット・面接！」「一幕一場・面接」なんてのがいいのかもしれません。

私達は、場面場面で、自分自身を演じています。意識的に演じている時もあれば、相手や環境が変わって無意識にしている時もあります。

それが、人間の本来の姿です。それは少しも悪いことではありません。それが自然の姿なのです。

「交渉する」時、この事実を頭の片隅に置いておくことは、あなたをひとつ楽にしてくれるはずです。

レッスンのポイント

・人は場面場面でいろいろな自分自身を演じていることを理解しておく。
・自分はいくつの立場・人格・顔を持っているか、考えてみよう。

16 満足する交渉

交渉の理想型とは

少し前に Win-Win という言い方が流行《はや》りました。お互いが結果に満足している理想的な状態のことです。

「Win-Lose」は、どちらかが勝って、どちらかが負けたと感じる状態です。一般的には、この関係の方が多いでしょう。相手を一方的に説得してなんとか交渉は終わったけれど、相手が心の奥で「ねじ伏せられた」とか「飲み込んだ」と思っていれば、「Win-Lose」の関係です。相手を「説得」したけれど、相手は「納得」してない状態です。

相手も自分も心から納得していれば、「Win-Win」の関係です。それは、とても素敵な関係です。

日本では、近江《おうみ》商人の「三方《さんぼう》よし」の考え方が有名です。「売り手よし、買い手よし、世間よし」の三方がよくなければ商売ではないというものです。売り手の都合だけで商《あきな》いをするのではなく、買い手が心の底から満足し、さらに商いを通じて地域社会の人々を幸福にしなければならないという考え方です。「Win-Win」や「三方よし」が実現できれば素晴らしいことです。

これはつまり、「交渉する」とは、丸め込むことでも、強引に説得することでもなく、相手も納得し、自分も納得した状態のことを言うんだということです。ただ、交渉には「Win-Win」と「Win-Lose」しかないのではありません。もうひとつ、「交渉成立せず」という「No deal」があります。どうしても、自分と相手がいい関係で終わりそうにない時は、交渉をやめる、という方法もあるのです。

これはとても勇気がいる選択ですが、後悔しながら交渉を成立させるより、はるかに有効な手段だと言えるのです。

理想的な演出家の例として、「演出家が俳優に指示したのに、それがあまりにも俳優にぴったりだったので、いつのまにか俳優は自分自身が考えたことと思うようになった」という言い方があります。演出家の指示があまりにも的確だった場合、やがて俳優が自分の意志で選んだと思い込むのです。そして、その演技が見事にはまった時、俳優も演出家も観客も幸福な気持ちになるのです。

理想的な交渉もまた、そういうことでしょう。こちらがそうして欲しい、そういう結論になって欲しいと思いながら交渉し、こちらの希望と相手の気持ちがぴったりときた時は、そこにまるで交渉などなかったような気持ちになるということです。

これもまた、「Win-Win」の典型であり、「三方よし」の完成形だと思います。

それは理想だよと、言って終わるのは簡単です。ただ、**「交渉する」ことの理想形が見えていること**と、どこにたどり着けばいいのか分からないことは大きく違います。

「交渉する」ことに疲れ、交渉なんてもうしたくないと思う時に、「いや、理想的な交渉はあるんだ。それは、こういうことなんだ」と分かっていることは、前に進む勇気とエネルギーを得られることになるんだと思うのです。

早急に結果を求めないで下さい。

身体の重心は簡単には下がりませんし、呼吸もあっと言う間に深くはなりません。

コンピューターが広がって、なんでもワンクリックで変われるものだという「誤解」が世界的に広がっています。
けれど、人間は一瞬では変わりません。特に、身体が変わるには時間がかかります。
けれど、その時間が、その人本来の時間なのです。

あなたには経験ないですか？　一泊二日の温泉旅行に行って、終始、リラックスできなくて、戻ってきて家の風呂に入った途端、やっとホッとしたことが。短い海外旅行の間、どうも海外に行っているという実感が持てなくて、成田空港や関西空港に戻ってきて、初めて「ああ、海外に行ってたんだ」という気持ちになったことが。

人間はゆっくりとしか変われないのです。
けれど、ゆっくりでも確実に変わります。

コミュニケイションが苦手な人が、4つの「交渉する」ステップを始めた途端にリラックスするわけではありません。

何度も何度も実生活で使っていくうちに、ゆっくりとあなたは変わるのです。

何度も何度も重心を下げようとして、やがて、あなたはゆっくりと変わるのです。

何度も何度も「伝える技術」を探っていくことで、あなたはゆっくりと確実に変わるのです。

決して焦《あせ》らないように。

コミュニケイションの上達は、スポーツの上達と同じなのです。

焦ったり、変わらないことをくさったり、早急に結果を求めては、却《かえ》ってマイナスになるのです。

なかなか変わらないこと、ゆっくりとしか結果が出ないことをどうか楽しんで下さい。

それが、コミュニケイションの技術を上達させる一番の近道なのです。

文庫版あとがき

コミュニケイションは技術だから、とにかく、バッターボックスに立って練習するといいですと、本文に書きました。

すると、本書の発売の後、「鴻上さん、私は半年に一回ぐらいしか、プレゼンの機会は回ってこないんです」とぼやいた人がいました。

正式な発表の場所だけがバッターボックスではありません。たった一人を相手に、ちゃんと「話す」ことも、立派なバッターボックスです。

僕は、25歳でラジオの深夜放送「オールナイトニッポン」のパーソナリティーになりました。夜中の3時から2時間、たった一人で生放送で話す番組です。

毎週、まずはディレクターに「今週あった面白い出来事」を話しました。ディレクターの「愛の鞭」は厳しく、なかなか、オッケーを出してくれませんでした。そもそも、出来事の内容が面白くない時もあり、出来事は面白いのに話し方がつまらない時もあり、出来事の面白さは微妙なんだけど話し方が全然ダメな時もあり、一週間、まったく面白い出来事がない時もありました。

まったく面白い出来事がなかった時は、放送ギリギリまでになんとか面白いことを体験しようとしました。1時間でも時間があると、映画館に飛び込みました。自分が見たい映画ではなく、話題にできそうな、ネタになりそうな映画を選びました。話題の小説やマンガの新刊を急いで読み、人気のレストランやブームの場所にも行きました。電車に乗って、耳をダンボにして、いろんな人の会話を集めようとしました。道行く人を観察し、変わった服装、面白い歩き方、ヘンテコな反応はないかと探しました。それでも、どうしても面白い出来事がない時は、嘘をデッチ上げました。

けれど、僕の未熟さのせいで、嘘はすぐにバレました。なによりも、僕の心がはずんでないので、ディレクターに敏感に伝わったのです。硬い心のままで話す話題は、どんなに派手でも、まったく楽しくありませんでした。

面白い体験をした時は、はやくディレクターに話したくてワクワクしました。打合せで出会った途端、僕は話し始めました。全てを聞き終わって、ディレクターは「全体が見えない」とか「オチに急ぎすぎてる」とか「感情が先走って、よく分からない」とか、冷静に分析しました。

僕は、それを聞いて、もう一度、頭から話しました。

放送は週に一回でしたが、打合せは二回ありました。放送前日と当日。それぞれ4、

5時間、僕はディレクターに話し続けました。

3年間、「オールナイトニッポン」のパーソナリティーをやりましたが、自分の「話術」が上達したのは、生放送ではなく、ディレクターを相手に必死で話した結果だと思っています。

日本中に放送している番組より、たった一人のディレクターに話すことが、僕には「バッターボックスに立つ」ことだったのです。

その当時は、辛くて泣きそうでしたが、今ではディレクターに深く感謝しています。週二回、とにかく面白い話を求められると、いちいち、落ち込んでいる余裕はないのです。自意識に振り回されたり、反省したり、引きこもったり、落ち込んだりする時間がなかったからこそ、「話す」技術を磨くことができたのです。

コミュニケイションがうまくいかない人は、たいてい、自分の脳内での会話が多いのです。自分がもう一人の自分とえんえんと会話して、外に出すことが少ないので、「コミュ障」をこじらせてしまうのです。

ただもう、ふうふう言いながらバッターボックスに立っていると、こじらせている時間もないのです。

そして当時、僕はディレクターと話すことに疲れて、普段は「聞く」ことが多くなりました。そして、どんなに多くの人が、ただ「聞く」人を求めているかにも気付いたのです。

僕はただ「聞く」ことの面白さにも目覚めたのです。


担当編集者の小宮女史から、「ぜひ、文庫版のあとがきをお願いします」と言われました。文庫化のために本文を読み返して、じつは、付け足すことはないとあらためて思いました。

何度も繰り返しているように、コミュニケイションは技術であり、技術は場数で上達するのです。つまりは、バッターボックスに立った数が勝負なのです。

本書を読み終えたら、さあ、バッターボックスに立ちましょう。バッターボックスは、あなたの「世間」や「社会」のいろんな所にあって、あなたを待っているのです。失敗しても大丈夫。そのたびに、あなたのコミュニケイション能力は間違いなく向上しているのです。

鴻上尚史（こうかみ・しょうじ）
1958年愛媛県生まれ。早稲田大学法学部卒業。在学中に劇団「第三舞台」を結成、以降、作・演出を手掛ける。1987年「朝日のような夕日をつれて」で紀伊國屋演劇賞、1992年「天使は瞳を閉じて」でゴールデン・アロー賞、1994年「スナフキンの手紙」で第39回岸田國士戯曲賞、2009年「グローブ・ジャングル」で読売文学賞戯曲賞を受賞する。現在は「KOKAMI@network」と「虚構の劇団」で活動中。また、舞台公演のかたわら、映画監督、ラジオパーソナリティ、小説家、エッセイスト、など幅広く活動中。NHK BSの「cool japan 発掘！かっこいいニッポン」では、2006年の番組開始から司会者を務める。主な著書に『「空気」を読んでも従わない』（岩波ジュニア新書）、『鴻上尚史のますますほがらか人生相談』（朝日新聞出版）、『孤独と不安のレッスン』『幸福のヒント』『緊張しない・あがらない方法』（以上だいわ文庫）など多数。

だいわ文庫

コミュニケイションのレッスン

著者 鴻上尚史《こうかみしょうじ》

二〇一六年一月一五日第一刷発行
二〇二二年五月一日第四刷発行

発行者 佐藤 靖
発行所 大和《だいわ》書房
東京都文京区関口一―三三―四 〒一一二―〇〇一四
電話 〇三―三二〇三―四五一一

フォーマットデザイン 鈴木成一デザイン室
本文イラスト 須山奈津希
本文印刷 シナノ カバー印刷 山一印刷
製本 ナショナル製本

ISBN978-4-479-30573-6
乱丁本・落丁本はお取り替えいたします。
http://www.daiwashobo.co.jp

本作品は、小社より二〇一三年五月に刊行された『コミュニケイションのレッスン』を文庫化したものです。